요즘 어린이 개념어휘

글 강지혜 | 그림 유영근

펴낸날 2024년 1월 26일 초판 1쇄

펴낸이 이재성 | **기획·편집** 고성윤 | **디자인** 이원자 | **영업·마케팅** 오정훈, 김미랑
펴낸곳 루크하우스 | **주소** 서울시 서초구 사임당로 50 해양빌딩 504호
전화 02)468-5057 | **팩스** 02)468-5051 | **출판등록** 2010년 12월 15일 제2020-203호
www.lukhouse.com cafe.naver.com/lukhouse

© 강지혜, (주)루크하우스 2024
저작권자의 동의 없이 무단 복제 및 전재를 금합니다.

ISBN 979-11-5568-576-1 74700
ISBN 979-11-5568-515-0 (세트)

※ 잘못된 책은 구입처에서 바꾸어 드립니다.
※ 값은 뒤표지에 있습니다.

상상의집은 (주)루크하우스의 아동출판 브랜드입니다.

똑똑! 요즘 어린이 개념어휘

교과서부터 시험 문제까지 개념어휘로 해결!

상상의집

차례

등장인물 6
인물 관계도 7

프롤로그
문집 동아리를 시작하다 8

- 01 주제 12
- 02 의견 14
- 03 묘사 16
- 04 전기문 18
- 05 육하원칙 20
- 06 여운 22
- 07 시점 24
- 08 문체 26
- 09 반어법 28
- 10 행 30

- 11 연 30
- 12 기행문 32
- 13 의인법 34
- 14 고전 36
- 15 외래어 38
- 16 객관적 40
- 17 분류 42
- 18 상징 44
- 19 비교 46
- 20 복선 48

개념어휘왕 Lv.1
탈락자들의 반란 50

- 21 주장 52
- 22 시상 54

23	열거 … 56		38	비평 … 84
24	풍자 … 58		39	대사 … 86
25	인상 … 60		40	독자 … 88
26	낭독 … 62			**개념어휘왕 Lv.2**
27	근거 … 64			내 진심이 향한 곳 … 90
28	주관적 … 66			
29	직유법 … 68		41	논설문 … 92
30	희곡 … 70		42	감각 … 94
31	은유법 … 72		43	냉소적 … 96
32	암시 … 74		44	설화 … 98
33	원인 … 76		45	분석 … 100
34	결과 … 76		46	문장 부호 … 102
35	관점 … 78		47	호응 … 104
36	동음이의어 … 80		48	모방 … 106
37	운율 … 82		49	지문 … 108

50	수필	110
51	순화	112
52	시적 허용	114
53	토론	116
54	토의	116
55	활유법	118
56	출처	120
57	요약문	122
58	동화	124
59	함축	126
60	목차	128

개념어휘왕 Lv.3
비밀은 없다 130

| 61 | 독백 | 132 |

62	사건	134
63	갈등	136
64	표준어	138
65	어조	140
66	갈래	142
67	예시	144
68	유행어	146
69	은어	146
70	취재	148
71	사고	150
72	서정	152
73	방언(사투리)	154
74	배경	156
75	역설법	158
76	개념	160

77	비극	162
78	희극	162
79	인용	164
80	타당성	166

개념어휘왕 Lv.4
몰랐던 너의 진심! ………… 168

81	안내문	170
82	감상	172
83	정의	174
84	자료	176
85	부정	178
86	긍정	178
87	저작권	180
88	높임말	182

89	기사문	184
90	의성어	186
91	편지	188
92	띄어쓰기	190
93	반론	192
94	유의어	194
95	반의어	194
96	어원	196
97	제재	198
98	대조	200
99	허구(성)	202
100	기승전결	204

개념어휘왕 Lv.5
진짜 요즘 어린이의 탄생! ……… 206

등장인물

루아

빛나초등학교 4학년 1반의
분위기 메이커

목소리가 크고 말을 잘한다. 한때 말싸움 대장이었지만, 지금은 친구들과 두루 잘 어울린다. 4학년 1반의 추억을 남기기 위해 유진이, 건오와 함께 학급 문집 만들기를 시작한다. 하지만 글쓰기, 문집 만들기도 쉽지 않다.

유진

루아의 단짝 친구! 똑 부러지는 성격으로 책 읽기와 글쓰기를 좋아한다. 동시 읽어 주는 유튜브도 운영한다. 덕분에 학급 문집 『요즘 어린이』의 편집장이 됐다.

예린

루아의 또 다른 단짝 친구! 밝고 상냥한 성격으로 인기가 많다. 말썽쟁이 여동생 '예지' 때문에 하루도 바람 잘 날 없다.

시후

루아의 남자 친구. 다정한 성격에 태권도를 아주 잘한다. 덕분에 팬클럽이 있을 만큼 인기가 많다.

민준

루아가 가장 친하게 지내는 남자 사람 친구. 눈치 없고 단순하지만, 가끔 어른스럽게 말할 때도 있다. 자전거 타고 세계 여행이 꿈이다.

건오

4학년 1반 회장. 전학 왔을 때만 해도 고사성어로 잘난 체해서 루아와 사이가 안 좋았으나, 지금은 화해했다. 수빈이를 짝사랑 중이다.

수빈

4학년 1반 부회장. 루아와 사이가 나빴던 적도 있었지만, 지금은 고민을 나눌 만큼 절친한 사이가 됐다.

인물 관계도

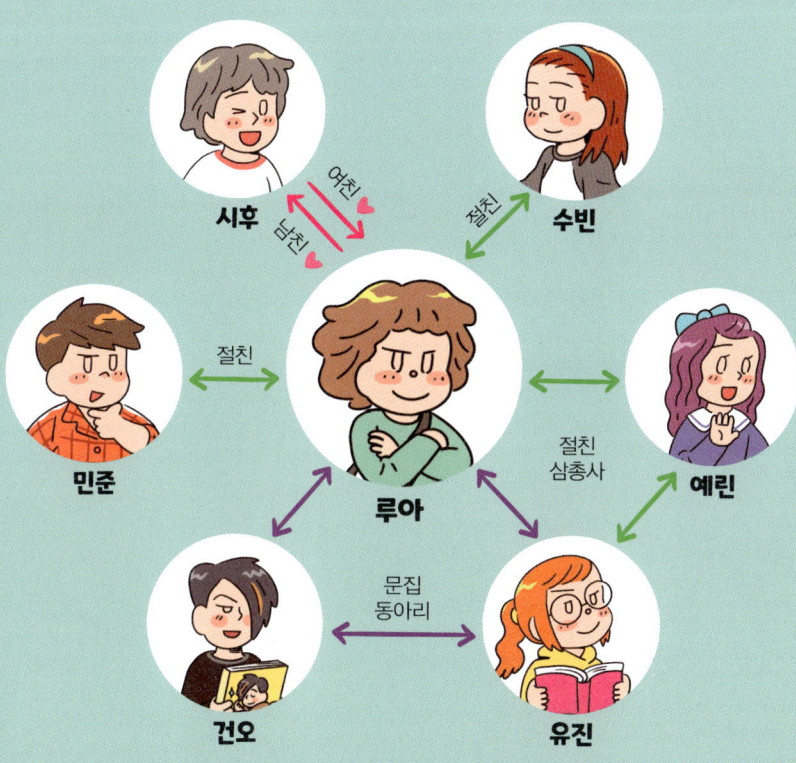

루아네 가족

프롤로그
문집 동아리를 시작하다

1 주제

#탈락!_탈락!_탈락! #호랑이_편집장님

♨ 영원한 삼총사 ♨ 👤 3

예린
뭐야, 내 글도 탈락이야?

유진
응. 탈락. 😭

루아
나도 탈락이야? 도대체 이유가 뭐야?

유진
둘 다 글에 **주제**가 없어.

예린
주제? **주제**가 뭔데!

유진
글에는 이 글을 왜 썼는지,
하고 싶은 이야기가 무엇인지 담겨 있어야 해.

예린
흠, **주제**라. 🤔
쓰다 보니 이 말도 하고 싶고 저 말도 하고 싶긴 했어.
선행에 관해 쓰다가 환경 이야기로 빠졌지.

루아
> 난 그냥 웃기고 싶어서 썼는데!

유진
> 주제는 작가가 하려는 말, 즉 글의 기둥이고 중심이야.

루아
> 그래서 지금 유진이 말의 주제는…….

예린
> 우리 글은 탈락이라는 거지.

쉿! 루아의 마음 일기

유진이가 문집 동아리 편집장을 맡았다. 말이 편집장이지, 호랑이 선생님이 따로 없다. 아이들이 글을 내면 다 탈락이란다. 나도 탈락해서 속상하다. 내 글이 어디가 어때서! 배꼽 빠질 정도로 웃긴데! 유진이가 또박또박 탈락 이유를 설명해 줬는데, 그게 또 틀린 말 같진 않아서 자존심이 상한다. 어쨌든 다시 멋진 동시를 쓸 테다!

똑똑 개념어휘

주제는 예술 작품에서 글쓴이가 하고자 하는 말이나 중심 생각을 말해요. 전래 동화 『콩쥐 팥쥐』의 주제는 '착한 사람은 복을 받고, 나쁜 사람은 벌을 받는다.'이지요. '어려움을 잘 견디면 행운이 찾아온다.'를 주제로 볼 수도 있고요. 주제는 읽는 사람에 따라 다르게 읽힐 수도 있답니다.

2 의견

🔍 #주말_계획 #의견_받습니다!

♥ 우리 가족 ♥ 👤 4

엄마
토요일에 우리 뭐 할까?

아빠
다들 의견을 말해 보자.

로운
나는 영화 보고 싶어!

루아
흠, 의견은 자유롭게 낼 수 있는 거지?

엄마
당연하지. 🙂

루아
나는 그날 데이트가 있어서 빠질게.

아빠
우리 딸, 남자 친구 만나는구나?

로운
쳇. 뭐야, 이루아! 너의 데이트에 반대 의견을 내겠어.

루아

나도 오빠의 의견에 반대해.

엄마

그러면 루아는 시후 만나고,

우리 셋은 영화 보러 가자.

루아야, 괜찮지? 😀

루아

당연히 괜찮지! 재미있게 보고 와!

🤫 루아의 마음 일기

토요일에 엄마, 아빠, 오빠는 영화를 보러 갔다. 나는 시후를 만났는데 우리도 영화를 보기로 했다. 그런데 이럴 수가! 영화관에서 가족이랑 딱 마주치고 말았다. 결국 나와 시후, 우리 가족은 나란히 앉아서 영화를 같이 보았다. 오빠가 일부러 시후 옆에 앉은 것 같아서 짜증 났다. 그래서 오빠 팝콘을 내가 다 먹었다. 흥!

똑똑 개념어휘

의견은 어떤 일이나 대상에 대하여 가지는 생각을 말해요. 의견은 주로 토론이나 발표 시간에 내게 돼요. 이때 자기 의견을 뒷받침하는 까닭도 함께 제시하면 좋아요. 의견은 사람에 따라 다양해요. 그러니 나와 다른 의견이 있다고 무조건 잘못됐다고 생각하지 말아요. 서로 다른 의견을 나누는 과정에서 새로운 것을 알게 되기도 하고, 다른 입장을 배울 수도 있거든요.

3 묘사

#민준이가_무서워하는_것　#괴물이_나타났다!

민준 👤 2

> 루아
> 왜 안 와?
> 자전거 타기로 한 거 잊었어?

민준
어휴, 나 지금 심장이 벌렁벌렁해. 😂

우리 집 앞에서 내 눈으로 괴물을 똑똑히 봤어…….

> 루아
> 괴물? 어떻게 생겼는지 한번 묘사해 봐!

민준
묘사? 음…….

거대한 독수리처럼 생겼는데

화려한 깃털이 있었어.

> 루아
> 눈앞에 그려지듯이, 더 자세하게 묘사해 봐.

민준
부리도 엄청 크고 뾰족한데 사람처럼 말도 하는 거야.

"바보야!" 이렇게.

루아

얼마 전에 누가 앵무새 잃어버렸다고

전단지 붙인 거 기억나?

민준

헉. 맞아!

그 앵무새인가?

루아의 마음 일기

오늘은 날이 좀 흐렸다. 낮에도 밤처럼 어둑어둑했다. 그래서 민준이가 복도에서 앵무새를 보고 놀랐나 보다. 민준이는 새 종류를 무서워한다. 그래도 그렇지, 앵무새한테 괴물이라니! 우리는 앵무새 찾는 전단지에 적힌 연락처로 전화를 걸었다. 이번에는 앵무새 구조 유튜브*를 찍어야 하나.

똑똑 개념어휘

묘사는 어떤 대상이나 사물, 현상 따위를 글로 쓰거나 그림으로 그려서 표현하는 것을 말해요. 읽는 사람 눈앞에 그림이 그려지는 것처럼 생생하고 풍부하게 표현하는 것이지요. 묘사가 잘 된 글을 읽으면, 글 속 주인공이 되어 진짜 그곳에 가거나, 그런 일을 겪은 듯한 느낌을 받게 돼요.

* 〈요즘 어린이 관용어〉 편에서 루아와 친구들은 동물 구조 유튜브를 운영한다.

4 전기문

#찌릿_전기가_아니고 #한_사람의_일생?

문집 동아리 👤 3

건오
채유진!

왜 내 글도 탈락시켜?

난 문집 동아리 편집 위원이잖아!

루아
헉, 건오 또 탈락이야? 😢

유진
너 **전기문** 써 온다면서?

그게 **전기문**이야?

건오
전기문 쓴 거 맞잖아! 😠

아주 훌륭하신 나 송건오의 **전기문**!

루아
그건 **전기문**이 아니야!

전기문은 돌아가신 분 중에서

유명한 위인의 일생에 대해 쓰는 거라고!

유진
내 말이!

건오 네가 유명인이나 위인이라도 돼?

건오
난 위인은 아니지만 위원이지.

편집 위원!

루아
그건 맞는데, 누가 네 인생을 궁금해하냐?!

🤫 루아의 마음 일기

　유진이는 문집에 다양한 글이 실리면 좋겠다고 했다. 그래서 나는 동시, 건오는 전기문을 쓰기로 했다. 나랑 유진이는 건오가 평소 좋아하거나 존경하는 사람에 관한 글을 써 올 줄 알았다. 그런데 자기 자신의 이야기를 써 올 줄이야. 그건 전기문이 아니라 자서전이다. 어쨌든 탈락은 탈락이다.

 똑똑 개념어휘

전기문은 한 사람이 일생 동안 한 일이나 남긴 업적을 쓴 글이에요. 보통 훌륭한 업적을 남기거나 본받을 만한 성품이 있는 사람을 전기문의 주인공으로 삼지요. 우리는 전기문을 읽으며 감동을 받거나 용기를 얻곤 해요.

5 육하원칙

#선생님에게_무슨_일이? #차근차근_말하는_법

★ 4-1 친구들 ★ 👤 11

수빈: 큰일 났어! 선생님이!

재하: 무슨 일이야?

수빈: 선생님이 어제 복도에서! 😭

루아: 담임 선생님?

수빈: 당연히 우리 담임 선생님이지. 아휴, 답답해!

미주: 침착하게 **육하원칙**에 따라 말해 봐.

현호: 그래. 천천히 말해 봐.
누가! 언제! 어디서! 무엇을! 어떻게! 왜!

수빈: 선생님이 어제 복도에서 쓰레기를 밟고 넘어지셨어.

루아
헉! 많이 다치셨어?

수빈
발목에 금이 가서 깁스하셨대.

민준
대체 누가 복도에 쓰레기를 버린 거야?

유진
우리 앞으로 교실이랑 복도 깨끗하게 쓰자.

 루아의 마음 일기

　　오늘 선생님은 깁스를 하고 학교에 오셨다. 나 같으면 도대체 누가 복도에 쓰레기를 버렸냐며 화를 냈을 거다. 하지만 선생님은 범인을 찾지 않으셨다. 그래서인가 반 아이들은 오늘 유난히 청소를 열심히 했다. 시끄럽게 떠들지도 않고, 선생님 말씀을 아주 잘 들었다. 선생님, 얼른 나으세요.

 똑똑 개념어휘

육하원칙은 역사 기사, 보도 기사 등 사실에 근거한 글을 쓸 때 지켜야 하는 원칙을 말해요. 글 안에 '누가, 언제, 어디서, 무엇을, 어떻게, 왜'의 6가지 정보가 골고루 들어가야 하지요. 그래야 짧은 문장만 읽어도 무슨 일이 일어났는지 정확하게 알 수 있거든요.

6 여운

#좋거나_아쉽거나 #자꾸_생각나는_마음

시후 2

시후
저번에 본 영화 또 보고 싶다.

루아
진짜 재미있었지?

시후
응. **여운**이 남았어.

루아
여운?

시후
영화 봤을 때의 느낌이나 감정이 계속 생각나더라고.

루아
나도! 어젯밤 꿈에 바로 그 영화 주인공이 나왔어.

시후
너도 **여운**이 길게 남았나 보다.

루아
그것도 그렇고, 너랑 봐서 더 기억에 남아. 😊

시후
맞아. 그날 헤어질 때 아쉬웠지?

루아
> 당연하지!

시후
> 잘 가라는 인사에서도 **여운**이 느껴지더라.

루아
> 이번 주말에도 또 같이 놀자.

시후
> 좋아! ♥

쉿! 루아의 마음 일기

어떤 영화는 보자마자 내용을 까먹는데, 어떤 영화는 자꾸 생각이 난다. 시후 말대로 여운이 남아서 그런가 보다. 그날 시후랑 봤던 영화는 〈히어로는 괴로워〉였다. 영화에 나오는 히어로가 우리랑 동갑이었다. 그래서 웃기기도 하고, 공감이 됐다. 〈히어로는 괴로워 2〉가 나오면 또 보러 갈 생각이다. 영화 보는 건 언제나 재미있다.

똑똑 개념어휘

여운은 사라지지 않고 마음속에 남아 있는 느낌을 말해요. 좋은 책이나 영화 등을 감상한 뒤 받았던 깊은 인상과 감동이 사라지지 않고 자꾸 떠오를 때, 우리는 '여운이 남다.'라고 말해요.

7 시점

#있잖아_예지는 #전지적_예지_시점

♨ 영원한 삼총사 ♨ 3

예린
내 동생 예지 말투 이상해.

자기가 자기를 예지라고 불러.

루아
엥? 자기 스스로?

예린
예지는 졸려, 예지는 배고파, 이런다니까!

유진
전지적 예지 **시점**이네. 😀

루아
그게 뭐야? **시점**?

유진
시점은 이야기를 서술하는 관점을 말하는데,

주인공이 자기 이야기를 하는 것을

일인칭 주인공 **시점**이라고 해.

루아
나는 졸렸다. 나는 배고팠다.

이렇게?

유진
응 맞아!

예린
그러니까 예지도 '나는'이라고 해야 맞는 거잖아.

우예지 진짜 이상해.

유진
그래도 예지 귀여운데?

쉿! 루아의 마음 일기

예린이 동생 예지는 참 재미있는 아이 같다. 물론 예린이는 그렇게 생각하지 않겠지만. 예지 덕분에 '시점'을 알게 되었다. 이 일기처럼 '나는 이랬다, 저랬다.' 하며 내 이야기를 쓰고 있으면 일인칭 주인공 시점이다. 일기에서는 내가 주인공이니까!

 ! 똑똑 개념어휘

시점은 소설에서 이야기를 전하는 서술자의 위치나 사건을 보는 태도를 말해요.

문학에는 어떤 시점이 있을까?

- **1인칭 주인공 시점**: 서술자가 곧 주인공으로, '나'의 이야기를 해요.
- **1인칭 관찰자 시점**: 서술자가 주변인으로, 주인공을 관찰하며 이야기해요.
- **3인칭 관찰자 시점**: 서술자가 소설 밖에서 관찰하며 이야기해요.
- **전지적 작가 시점**: 서술자가 신이 되어 인물과 사건을 다 알고 이야기해요.

8 문체

#나만의_문체 #할머니한테는_합격!

외할머니 2

루아
할머니! 내 동시 읽어 봤어?

외할머니
응. 아주 좋던데?
루아만의 문체가 살아 있어!

루아
내 문체가 있어?
나는 그냥 굴림체로 썼는데!

외할머니
글씨체가 아니라 문체 말이야.
우리 루아가 썼구나.
딱 느껴지더라고.

루아
정말? 동시에서 내가 보였어? 🤔

외할머니
문체가 루아처럼 당당하고 멋졌어.

루아
내가 좀 그럴지. 😎

외할머니
자기만의 개성을 글에 드러낼 수 있다는 건
아주 멋진 재능이야!

루아
그런데 내 동시 또 탈락이야. 😢

외할머니
왜 탈락일까. 할머니에겐 합격이야!

루아의 마음 일기

문집에 실을 새 동시를 써 갔지만 또 탈락하고 말았다. 할머니에게 동시를 보여 줬는데 엄청난 칭찬을 받았다. 할머니는 항상 내 편을 들어 주시긴 하지만, 그래도 기분이 좋았다. 편집장인 유진이가 내 동시를 탈락시켰으니, 어쨌든 나는 동시를 다시 써야 한다. 편집 위원 체면이 말이 아니다. 흥!

 똑똑 개념어휘

문체는 문장에서 드러나는 개성이나 특색을 말해요. 작가의 이름을 보지 않고 그 글을 읽어도 누가 썼는지 알 수 있다면, 그 작가만의 개성적인 문체를 알아보고 눈치챈 것이지요.

9 반어법

#진심?_아니면_반어법? #진짜_화났다는_증거

로운 2

루아
오빠! 아이스크림 내가 다 먹었어.

 로운
잘했네!

루아
잘했다고? 진심이야?

 로운
그걸 믿어? **반어법**이지.

루아
그냥 거짓말 아니야?

 로운
나는 내 동생 이루아를 좋아해.

루아
그것도 **반어법**이야? 😒

 로운
아니, 이건 거짓말.

로운
😋

루아
역시 그럴 줄 알았어.

로운
이따 아빠랑 슈퍼 가서 내 아이스크림 다시 사다 놔.
안 그러면 복수할 거다.

루아
이제야 진심을 말하는군.

루아의 마음 일기

　언젠가 한번은 오빠와 만나기로 한 약속 시간에 내가 늦은 적이 있다. 그때 오빠가 "아이고, 일찍 왔네!" 하는 거다. 분명히 늦었는데 왜 일찍 왔다고 했을까 궁금했는데, 이제 보니 그것도 반어법이었다. 오빠는 반어법을 자주 쓴다. 화가 많이 났을 때 특히 그렇다. 반어법은 오빠가 화났다는 증거다.

똑똑 개념어휘

반어법은 실제 뜻이나 속마음과 반대되는 말을 하여 의미를 강화하는 표현법이에요. 실수를 했을 때 누군가 "잘한다."라고 말한다면 그건 정말 잘해서가 아니라 실수를 비꼬기 위한 표현이지요. 그래서 누군가 반어법을 쓰면 상황과 맥락을 보고 진짜 뜻을 파악해야 해요.

10 행 11 연

#자유로운_낭만_시인 #시의_세계는_어려워

유진 2

루아
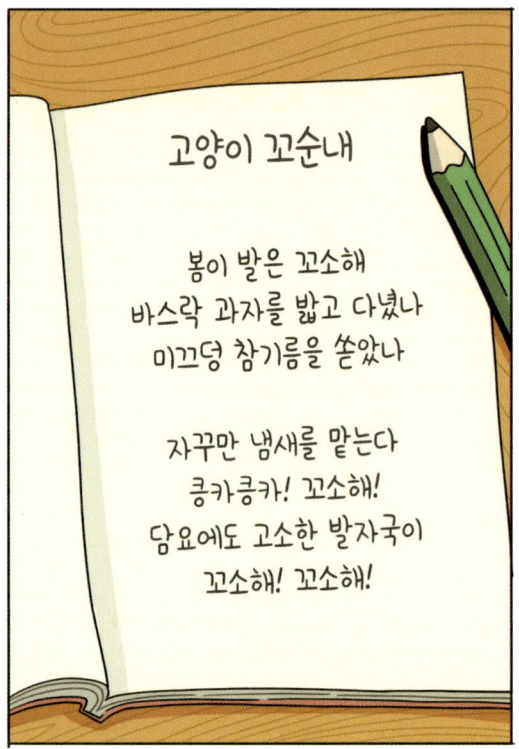

루아
어때? 이번 동시는 좋지?

유진
음…… 2연 7행이 끝 맞지?

루아
7행? 7줄이라는 말이야?

유진
맞아. 😊 1연 정도 더 써 봐.

루아
연은 뭔데? 연… 날리기?

유진
행들의 한 묶음을 연이라고 해.

루아의 마음 일기

나는 행이랑 연이 뭔지도 모르고 동시를 썼다. 으아, 부끄럽다. 아니다! 모르는 건 부끄러운 게 아니랬다. 유진이는 마치 평론가처럼 날카롭게 내 시를 평가해 주었다. 물론 나도 시인이 된 기분으로 「고양이 꼬순내」를 썼다. 문집에 꼭 내 시를 싣고 싶다.

 똑똑 개념어휘

시는 행과 연으로 이루어져 있어요. 행은 시의 가로줄을 말해요. 그리고 여러 개의 행이 모여서 연을 만들지요. 비슷한 내용이나 한 장면을 연으로 묶는 경우가 많아요. 시에 따라서 연이 없기도 하답니다.

12 기행문

#건오의_북극_여행기 #내가_알던_기행문이_아니야

문집 동아리 👤 3

건오
내 자서전이 별로라기에
이번에는 **기행문**을 썼는데,
또 탈락이야?

유진
넌 **기행문**이 뭐라고 생각해?

건오
여행 가서 느낀 걸 쓰는 글이지!

루아
송건오! 나도 네 글 읽어 봤는데,
그건 **기행문**이 아니야.
북극을 직접 간 다음에 써야 북극 여행기지.

건오
꿈속에서 진짜 북극에 갔다니까!

루아
그건 진짜 간 게 아니잖아!
꿈에서는 우주도 가는 걸!

건오
채유진, 솔직히 말해!
너 문집에 내 글 실어 주기 싫어서 그러는 거지?

유진
제대로 된 기행문이나 써 오라고!

건오
으이그, 화가 난다, 화가 나! 😠

루아의 마음 일기

이제 우리 문집 동아리는 대화만 했다 하면 싸운다. 건오는 자기 글이 왜 또 탈락이냐며 유진이에게 따졌지만, 내가 봐도 건오가 쓴 글은 좀 이상하다. 그런데 화를 내는 건오도 이해는 간다. 유진이가 좀 엄격한 건 사실이니까.

똑똑 개념어휘

기행문은 여행하면서 보고, 듣고, 느끼고, 겪은 것을 적은 글이에요. 유홍준 작가의 『나의 문화유산답사기 7-돌하르방 어디 감수광』을 보면 제주도를 여행하는 작가의 이야기가 나와요. 기행문을 읽으면서 나도 작가와 함께 여행하는 기분을 느낄 수 있답니다.

13 의인법

#우리_집_봄이 #봄이_마음은_내가_알아

시후 2

루아

루아
> 봄이 봐.
> 완전 사람처럼 앉아 있어.

시후
> 봄이를 주인공으로 동화를 써도 재미있겠다.

루아
> 오, 그럴까?

시후
그런데 동물을 주인공으로 하면
의인법을 써야 해서 은근 어려워.

루아
의인법? 봄이가 사람처럼 생각하고 말한다는 거지?
오, 벌써 첫 문장이 떠올랐어!
나는 치킨을 시켜 먹었다.
그때 봄이가 갸르릉 대더니 따졌다.
이루아! 또 너만 먹니? 나도 줘!

루아의 마음 일기

봄이가 정말 사람처럼 말할 수 있다면 얼마나 좋을까? 봄이한테 물어보고 싶은 게 아주 많은데. 얼마 전에 봄이에게 내가 쓴 동시 「고양이 꼬순내」를 읽어 줬는데, 봄이가 "야옹야옹" 하고 대답했다. 좋다고 말한 거겠지?

똑똑 개념어휘

의인법은 사람이 아닌 대상이 사람처럼 말하고 행동하게 표현하는 방법이에요. 황선미의 동화 『마당을 나온 암탉』에는 '잎싹'이라는 이름의 암탉이 주인공으로 나와요. 잎싹이는 사람처럼 이름도 있고 생각도 하고 말도 한답니다. 그래서 이 책을 보는 동안 우리는 친근감을 가지고 잎싹이 이야기에 빠져들게 되지요.

14 고전

#고전_영웅_홍길동 #고전이_고전인_이유

외할머니 👤 2

루아
할머니, 홍길동 알아?

얼마 전에 『홍길동전』 읽었는데 진짜 재미있었어.

외할머니
홍길동 멋지지.

나쁜 사람도 혼내 주고, 백성도 돌보고.

훌륭한 고전 소설이야.

루아
고전? 아주 옛날에 쓰여졌다는 거지?

『홍길동전』은 얼마나 오래된 소설이야?

외할머니
조선 시대에 허균이라는 사람이 쓴 거니까

무척 오래됐지.

루아
조선 시대? 😨

엄청 오래됐네!

외할머니
그래서 고전이라고 하는 거야.

오래전부터 내려온 고전은 그만큼 소중하고 가치가 있지.

루아
그러면 고전 음악도 있나?

고전 미술은?

 외할머니
당연하지. 할머니가 좋아하는 고전 음악 들어 볼래?

루아의 마음 일기

할머니가 좋아하는 고전 음악은 클래식 음악이었다. 빠바바밤!! 하는 베토벤 음악! 나도 들어 봐서 아는 음악이었다. 그러고 보니 고전은 우리나라에만 있는 게 아니라 외국에도 있구나! 역시 우리 할머니는 모르는 게 없으시다. 만약 내가 유명한 작가가 된다면, 시간이 아주 많이 흐른 뒤에 내 글도 고전이 되겠지?

 똑똑 개념어휘

고전은 예로부터 전해져 내려온다는 뜻이에요. 사람들 사이에서 입에서 입으로 전해져 내려오는 민담이나 설화도 고전에 속하지요. 글로 기록된 오래된 문학 작품도 고전이라고 불러요. 문학뿐 아니라 미술, 음악 등 모든 예술 분야에 고전이 있어요.

15 외래어

#가방이_외래어라고? #건오는_사랑을_몰라

수빈 2

루아
너 아까 건오랑 왜 싸운 거야?

수빈
송건오 진짜 비호감!
내 앞에서 또 잘난 척을 하잖아!

루아
또? 어떻게 했는데?

수빈
내가 가방이 **외래어**라고 알려 줬거든?
그런데 송건오가 아니라고 우기는 거야.

루아
가방이 **외래어**야? 😨
순우리말 아니고?

수빈
가방은 네덜란드에서 온 **외래어**야. 🙂

루아
헐. 나도 지금 알았음.

수빈
빵이랑 포도도 **외래어**래.

루아
진짜로? 몰랐어!

수빈
하여튼 송건오랑 싸우면 입만 아파.

루아
근데…… 건오가 너 좋아해.

수빈
그게 사실이라면 나는 거절이야.

쉿! 루아의 마음 일기

건오는 수빈이를 짝사랑한다. 하지만 제대로 된 고백은커녕 매일 저렇게 수빈이한테 시비만 건다. 건오는 사랑을 모른다. 그리고 외래어가 뭔지도 모른다. 사실 나도 몰랐다. 우리가 쓰는 말 중에 외래어가 이렇게 많았나? 그런데 외래어랑 외국어는 다른 말인가?

똑똑 개념어휘

외래어는 외국에서 들어와 국어에서 널리 쓰이는 단어예요. 버스, 피자, 텔레비전 같은 단어들이 대표적인 외래어예요. 외국어는 외국에서 들어왔지만, 국어는 아닌 말들이지요. 컬러, 밀크 등의 단어가 외국어랍니다.

16 객관적

#이모의_새로운_레시피 #나는_쿠키_감별사

이모 👤 2

이모
루아! 이모가 준 쿠키 먹어 봤어?

루아
당연하지! 바로 먹었어!

이모
어때? **객관적**으로 말해 줘.

루아
객관적은 또 뭐야?

이모
처음 가는 가게에서 이 쿠키를 샀다고 생각해 봐.

루아
그게 **객관적**이야?

이모
우리가 서로 모르는 사이라고 생각하고
최대한 냉정하게 평가해 달라는 거지.

루아
우리가 왜 몰라? 이모랑 조카 사이인데!

이모
심사위원이 된 것처럼 쿠키 맛을 평가해 봐.

루아
음, 이 쿠키는…….
처음 느껴 보는 맛이었어.
이제껏 먹어 본 쿠키 중에 가장 부드럽고, 달콤해! 😍

이모
정말? 객관적으로 말한 거 맞지?
감동이야. 😭

쉿! 루아의 마음 일기

　나는 항상 이모 편이다. 그렇다고 이모가 만든 쿠키를 무조건 맛있다고 칭찬하진 않는다. 이모는 이모고, 쿠키는 쿠키니까! 최대한 객관적으로 말해 준다. 어쩌면 유진이도 그런 마음일지 모른다. 우리가 친하긴 하지만 내가 쓴 동시만큼은 객관적으로 평가하는 것이다. 친구가 아니라 편집장으로서 말이다.

 똑똑 개념어휘

객관적은 자기와의 관계에서 벗어나 제삼자의 입장에서 사물을 보거나 생각하는 걸 말해요. 제삼자란, 그 일과 전혀 상관없는 사람이라는 의미예요. 사실이나 논리적인 근거를 바탕으로 한 기사, 논설문 등의 글을 쓸 때는 객관적인 태도를 유지해야 하지요.

17 분류

#도서관_봉사_활동 #문학이랑_사회랑_예술이랑

♨ 영원한 삼총사 ♨ 👤 3

유진
이따가 나랑 도서관 같이 갈 사람?

예린
도서관은 왜?
책 보러?

유진
나 요즘 도서관에서 자원 봉사하잖아.
오늘 새 책이 많이 들어와서 **분류**해야 하거든.

루아
도서관에 책 엄청 많던데.
분류하기 어려울 것 같아.

예린
난 자신 있어!
가나다라 순으로 **분류**하는 거 맞지?

유진
아니, 사회, 자연, 기술, 예술, 문학 등 종류에 따라 **분류**해.
내가 다 알려 줄게!

루아
나는 문학 할래! 문학이 좋아.

예린

나는 자연!

루아
다 끝나면 우리 집에서 봄이랑 놀자.

예린

좋아! 좋아! 👍

 루아의 마음 일기

오랜만에 삼총사가 같이 도서관에 갔다. 생각보다 새 책이 많았다. 사서 선생님과 유진이가 책을 분류해 주면 나랑 예린이는 분류 기호에 맞는 스티커를 붙였다. 하나도 어렵지 않았다. 아직 아무도 읽지 않은 새 책을 만지니까 기분이 좋았다. 이번 주말에는 도서관에서 책을 잔뜩 빌려야지!

 똑똑 개념어휘

분류는 종류에 따라 나누는 것을 말해요. 도서관에서 책을 분류하는 것만이 아니에요. 우리는 일상에서도 자주 분류하지요. 서랍에 옷과 양말을 나눠서 보관하거나 이삿짐을 쌀 때 비슷한 물건끼리 나눠서 담는 것도 분류예요.

18 상징

#무지개_분식의_상징? #길냥이_구조단의_상징?

민준 2

민준
오늘 건오랑 무지개 분식 갈 건데 너도 올래?

루아
좋아! 초코 보러 가야지.

민준
우리도 초코 보러 가는 거야.

루아
언제부턴가 초코가 무지개 분식의 상징이 되었어.

민준
아니지. 무지개 분식 하면 순대 튀김이지!

루아
무슨 소리야!
다들 무지개 분식 하면 초코를 떠올릴걸?

민준
초코는 우리 유튜브의 상징이지!

루아
그 말도 맞긴 하네. 😆

민준
그때 우리 유튜브 채널 인기 진짜 많았는데.

루아
초코가 좋아하는 간식 좀 사 갈까?

 민준
그러자!

쉿! 루아의 마음 일기

얼마 전까지 나는 민준이, 건오와 함께 '길냥이 구조단'이라는 유튜브 채널을 운영했다. 길고양이 초코를 구조하는 영상으로 인기를 얻었다. 지금 초코는 우리 동네 무지개 분식에서 잘 지내는 중이다. 민준이 말이 맞다. 초코는 우리 유튜브 채널의 상징이자, 그때 우리가 열심히 뛰어 다녔던 땀과 시간의 상징이다!

똑똑 개념어휘

'희망'은 추상적인 단어예요. 손으로 만질 수 없고 눈으로 볼 수 없는 개념을 추상적이라고 하지요. 그래서 희망을 '아침의 태양'이나 '빛' 등으로 표현하기도 해요. 이처럼 추상적인 개념 또는 사물을 구체적인 사물로 바꾸어 나타내는 표현법이 바로 상징이에요.

19 비교

#우리는_할_수_있다! #어디_갔니_자신감

예린 2

루아
예린아, 문집에 글 다시 안 내?

예린
난 글쓰기에 재능이 없나 봐.
포기야. 포기!

루아
왜! 한 번 더 내 보자.
할 수 있다, 우예린!

예린
알잖아.
나 가끔 유진이랑 나랑 비교하는 거.
그래서 자신감이 떨어졌어.

루아
왜 다른 사람이랑 너를 비교하고 그러냐!
그러지 마!

예린
나도 비교하기 싫어.

루아
그것 때문에 유진이랑 싸운 적도 있잖아.

예린
알았어. 안 그럴게. 😢

루아
그리고 예린이 너도 너만의 재능이 있어!

예린
고마워. 루아야.

 루아의 마음 일기

    요즘 예린이가 도무지 기운이 없다. 이유가 뭘까. 또 예지가 말썽을 부리나? 재밌게 보던 드라마가 끝나서 그런가? 아무래도 유진이가 예린이 글을 탈락시킨 뒤부터였던 것 같다. 유진이와 예린이 사이는 좀 복잡하다. 절친이라고 사이가 항상 좋기만 한 건 아니다. 어쨌든 예린이가 얼른 기운 냈으면 좋겠다.

 똑똑 개념어휘

비교는 둘 이상의 사물이나 사람을 견주어서 비슷한 점과 다른 점을 살피는 일이에요. 비교를 통해서 어떤 특징이 서로 다른지 무엇이 더 나은지 알 수 있어요. 보통 설명문에서 비교는 두 대상의 공통점이나 차이점을 찾아 설명하는 방법이에요.

20 복선

#건오의_탈퇴 #유진이는_눈치채고_있었다고?

문집 동아리 3

건오
나는 문집 동아리에서 빠진다.

미안하다. 안녕!

건오 님이 대화방을 나갔습니다.

루아
뭐야? 😧 송건오 어디 가!

유진
흠, 이럴 줄 알았어.

복선이 있었다고.

루아
무슨 복선?

유진
동아리 모임에도 잘 안 나오고.

문집에 실을 글도 안 쓰는 것 같고.

그리고 이상한 소문도 들었어.

건오가 다른 애들 글을 모으고 있대.

루아
헉. 그래서 건오가 그만둘 걸 예상하고 있었구나.

왜 나는 몰랐지? 😭

유진

응. 그리고 여기서 끝나지 않을 것 같아.

루아
여기서 끝나지 않는다면……? 😭

유진

건오가 무슨 일을 꾸미는 것 같아.

루아의 마음 일기

갑자기 건오가 문집 동아리를 탈퇴했다. 하지만 유진이는 이미 눈치채고 있었단다. 도대체 일이 어떻게 돌아가는 거지? 이제 유진이와 나 단둘이 문집을 만들어야 한다니 걱정이 된다. 지금까지 문집에 싣는 게 확정된 글은 단 2개뿐이다. 방학 전에 문집이 나올 수 있을까? 이제 우리 문집 동아리는 어떻게 되는 거지?

똑똑 개념어휘

복선은 만일의 경우를 대비하여 남모르게 미리 꾸며 놓은 일을 말해요. 특히 문학 작품에서는 앞으로 일어날 사건을 독자에게 넌지시 알려 주는 일을 복선이라고 하지요. 복선을 모르고 이야기를 읽다가 나중에 알아차리게 되면 무릎을 '탁' 치면서 고개를 끄덕이게 된답니다.

 # 탈락자들의 반란

*만화 속 올바른 개념어휘를 찾아보아요.

21 주장

#나와_너의_주장들 #우리는_함께할_수_없어

건오 2

루아
다른 동아리를 만든다고?

건오
그래! 내가 편집장이 되어서
새로운 문집 동아리를 만들겠어!

루아
그게 무슨 소리야!

건오
유진이는 아이들 글을 다 탈락시키잖아.
그렇게 해서 언제 문집을 낼 건데?

루아
음, 그건······.

건오
나는 오히려 유진이가
자기 **주장**만 내세우고 있다고 생각해.
그래서 새로운 문집 동아리를 만들기로 한 거고.
나도 내 **주장**을 굽힐 생각이 없어.

루아
쳇. 그래 너 잘났다. 😒

건오
알아. 나 잘난 거. 😎

루아
흥! 얼마나 멋진 문집을 만들지 두고 볼 거야!

건오
기대해 줘.

 루아의 마음 일기

　건오에게 따지려고 톡톡을 보냈다. 건오가 문집 동아리를 따로 만든다는 말에 화가 났다. 하지만 건오의 말을 듣고 나니 이해는 되었다. 유진이가 글짓기를 잘하긴 하지만, 문집에 올릴 글을 너무 깐깐하게 보는 것도 사실이다. 이미 건오는 새로운 문집 동아리 회원들까지 모은 모양이었다. 앞으로가 걱정이다.

 **똑똑 개념어휘**

주장은 자신의 의견이나 생각을 굳게 내세우는 것을 말해요. 내 주장을 다른 사람에게 이해시키려면 주장을 뒷받침하는 타당한 이유가 있어야 해요. 나와 다른 주장을 하는 사람을 만날 수도 있어요. 그럴 때 무조건 내 주장만 옳다고 하는 태도는 좋지 않아요. 상대의 말을 들어보고 그 주장이 좋다면 내 주장을 굽히는 것이야말로 멋진 태도랍니다.

22 시상

#시가_나에게_왔다 #캠핑의_이유

♥ 우리 가족 ♥ 👤 4

엄마
루아 요즘 책상에서 끙끙대던데
무슨 일 있어?

로운
엄마 몰랐어? 이루아 동시 쓴대.

아빠
시를 쓴다고?
무슨 일 있어?

루아
전에 썼던 「고양이 꼬순내」를 고쳐서
유진이한테 내야 해.
그런데 잘 안 써져. 😭
시상이 떠오르지 않아!

로운
시상? 그게 있어야 시를 쓸 수 있는 거야?

엄마
응, **시상**은 마음속으로 어떤 시를 쓸지 떠올려 보는 거야.

아빠
그렇다면 캠핑을 가자!

엄마
좋은 생각이네. 🙂

가서 나무도 보고 꽃도 보면

좋은 시상이 떠오를 거야.

루아
좋아! 벌써부터 시가 써질 것 같아.

 루아의 마음 일기

　건오가 새로운 문집 동아리를 만든 뒤 유진이와 내 마음도 급해졌다. 다른 아이들이 건오네 동아리에 글을 낸다는 소문을 들었기 때문이다. 「고양이 꼬순내」를 고쳐서 가져갔는데 유진이는 자꾸 부족하다고만 한다. 채유진! 내 글이 부족한 게 아니라 우리 문집에 실을 원고가 부족하다고!

 똑똑 개념어휘

시를 쓰기 전에 어떤 시를 쓸지 마음속으로 정하거나 구상한 것을 시상이라고 해요. '시상이 떠오르다.', '시상을 가다듬다.'라고 표현하지요. 시적인 생각 자체를 시상이라고 하기도 해요. 그럴 때는 '시상에 잠기다.'라는 표현을 쓰지요. 시에서 나타나는 감정과 사상도 시상이라고 한답니다.

23 열거

#199일_커플 #하나면_충분해

시후 2

시후
우리 조금 있으면 200일이야!

루아
진짜? 시간 빠르다!
우리 200일 말고, 199일을 축하할까?

시후
그것도 재밌겠다!

루아
서로 선물도 주고받자.

시후
갖고 싶은 거 있어? 열거해 봐.

루아
열거? 다 말해 보라는 거지?

시후
응. 199개 말해도 돼.

루아
음…… 키링이랑 키링이랑 키링!

시후
키링이 엄청 갖고 싶었나 보네.

그럼 고양이 키링 어때?

루아
좋아!

시후 너는 가지고 싶은 거 없어?

 시후
나는 좀 더 생각해 볼게! 😊

루아의 마음 일기

시후랑 만난 지 200일이 되어 간다. 참 신기하다. 시후가 내 받아쓰기 점수를 학교에 소문내서 싸웠던 게 얼마 전 같은데, 지금은 가장 소중한 친구가 되었다. 이제 나와 시후의 소원은 딱 하나다. 같은 중학교를 다니는 것! 같은 반이 되면 더 좋고. 꼭 그렇게 돼라, 얍!

똑똑 개념어휘

열거는 여러 가지 예나 사실을 낱낱이 죽 늘어놓는다는 뜻이에요. 글에는 '열거법'이란 게 있어요. 연결되는 내용이나 비슷한 어구를 여러 개 늘어놓으며 전체 내용을 강조하는 방법이지요.

24 풍자

#진짜_어린이 #지금_싸우자는_거냐?

★ 4-1 친구들 ★ 11

건오
얘들아, 나랑 민준이가 문집 동아리를 만들었어.
문집 이름은 『진짜 어린이』.
글을 보내 주는 사람 다 작가님이라고 불러 줄 거야.

예린
진짜?
근데 유진이랑 루아네 문집 이름은 『요즘 어린이』잖아.

루아
뭐야. 😠
너희 일부러 『진짜 어린이』라고 정한 거지?

유진
설마 우리를 풍자……하려는 거야?
너희가 더 진짜라고 강조하면서
우리를 비꼬는 거 맞지?

민준
풍자가 무슨 말인지 모르겠지만,
비꼰 건 맞아.

58

루아
> 우리를 비꼬다니, 코를 납작하게 해 주마!

미주
> 근데 진짜 작가님이라고 불러 주는 거야? 좋다!

재하
> 응. 어제 나한테 재하 작가님이라고 해 줬어.

현호
> 나도 『진짜 어린이』에 글 낼래!

루아
> 얘들아, 우리가 진짜야!

루아의 마음 일기

반 아이들이 작가님이 되고 싶다며 『진짜 어린이』에 글을 내기 시작했다. 나는 그 모습을 보면서 열불이 났다. 으으. 당장 건오와 민준이를 찾아가 한바탕 따지고 싶다. 나랑 유진이 보란 듯이 그런 제목을 짓다니! 기필코 우리가 더 멋진 문집을 만들고 말 테다!

 똑똑 개념어휘

풍자는 시대, 사건, 인물을 과장하거나 비꼬아 표현하는 것을 말해요. 겉으로 보기에는 우스꽝스럽지만 그 속에는 비판의 메시지가 숨어있지요. 비슷한 말로 해학이 있어요. 풍자가 잘못한 대상을 꼬집어 비판하는 것이라면 해학은 당한 대상을 동정하며 바라보게 해 줘요.

25 인상

#팬클럽의_흔한_대화 #난_네게_반했어

≋ 영원한 삼총사 ≋ 👤 3

유진
예린아, 너 문집 동아리 안 들어올래?

예린
흠, 나 요즘 좀 바빠.
굿보이즈 한결 오빠 팬클럽 가입했거든. 🎤
한결 오빠한테 편지도 쓰고, 공연도 가고…….

루아
헉, 엄마가 허락했어? 😨

예린
응! 대신 1년만이야.
5학년 때부터는 공부해야 하니까.

유진
한결 오빠 이번 앨범 타이틀곡 진짜 좋더라.
듣자마자 **인상**에 남던데?

예린
맞아! 진짜 강렬해. 😎

루아
오빠는 어쩜 그렇게 완벽할까?

유진
평소엔 되게 무뚝뚝한 인상인데,
무대에만 올라가면 확 달라져.

예린
그게 바로 한결 오빠의 반전 매력이지! 😊

쉿! 루아의 마음 일기

　문집 동아리로 정신없는 와중에 한결 오빠가 새 앨범을 낸 줄도 모르고 있었다. 팬이라면서 그것도 모르다니, 한결 오빠에게 미안해졌다. 굿보이즈는 내가 처음으로 좋아한 아이돌 그룹이다. 비록 지금은 해체했지만, 나는 굿보이즈의 리더였던 한결 오빠를 여전히 좋아한다. 나에게 한결 오빠는 영원한 리더다. 오늘은 한결 오빠의 감미로운 목소리를 듣다가 자야겠다.

똑똑 개념어휘

어떤 사람이나 풍경, 사건을 마주했을 때 쉽게 잊히지 않고 마음속에 새겨지는 느낌을 인상이라고 해요. 너무 좋았거나 나빴거나, 혹은 독특했을 때 인상에 깊이 남겠지요? 글을 읽은 뒤 어떤 장면이나 문장이 자꾸 떠오른다면 글이 인상 깊었다는 뜻이에요.

26 낭독

#시인의_목소리 #할머니와의_데이트

외할머니 👤 2

 외할머니
할머니가 좋아하는 시인이 있는데,
루아네 동네 도서관에서 낭독회를 한다네?

루아
낭독회는 시를 읽어 주는 자리야?

 외할머니
응, 맞아. 멋지겠지?

루아
진짜 멋지다!
자기가 쓴 시를 직접 **낭독**하다니!

 외할머니
책으로 읽는 거랑 **낭독**으로 듣는 거랑은 확 달라.

루아
언제야?
할머니도 낭독회 갈 거야?

 외할머니
내일이야. 루아도 볼 겸해서 가려고.

루아

신난다!

낭독회 끝나고 사인도 받을 수 있나?

 외할머니

당연하지. 할머니는 사진도 찍을 거야.

루아

좋아! 나도 낭독회 갈래!

루아의 마음 일기

    낭독회 끝나고 집으로 돌아와, 할머니 앞에서 「고양이 꼬순내」를 낭독했다. 다른 사람 앞에서 내 시를 낭독한 건 처음이라 긴장되었다. 하지만 할머니는 손뼉을 짝짝 치면서 칭찬해 주셨다. 기분이 좋았다. 생각해 보니 유진이는 내 시를 좋다고 한 적이 한 번도 없다. 갑자기 슬퍼졌다.

똑똑 개념어휘

낭독은 글을 소리 내어 읽는 걸 말해요. 수업 시간에 누군가 교과서를 읽는 일도 낭독이고, 법정에서 판사가 판결문을 읽는 일도 낭독이지요. 비슷한 말로 낭송이 있어요.

27 근거

#나도_새_휴대폰 #근거가_필요해

아빠 2

루아
> 오빠 새 휴대폰 사 준다며?
> 나도! 나도 사 줘!

아빠
> 로운이한테는 바꿀 만한 근거가 있었어.

루아
> 근거? 그게 뭔데?

아빠
> 로운이 휴대폰 액정이 깨졌잖아.
> 위험해서 바꿔 주기로 한 거야.

루아
> 쳇. 나도 바꾸고 싶은데.

아빠
> 루아도 휴대폰을 바꾸려면 그럴 만한 근거가 필요해.

루아
> 나도 곧 액정이 깨질 것 같아.
> 오늘 저녁이나 내일쯤?

아빠
억지로 고장 내서 바꾸는 건 안 돼.

루아
나도 새 휴대폰 갖고 싶다!

아빠
루아 휴대폰은 아직 튼튼하잖아.
조금만 더 써 보자.

루아
내 휴대폰은 왜 이렇게 튼튼한 거야!

쉿! 루아의 마음 일기

오늘은 아빠한테 좀 서운했다. 오빠가 원망스럽기도 했다. 오빠의 휴대폰 액정은 어쩌다 깨진 거지? 진짜 실수로 깨진 걸까? 오빠만 새 휴대폰을 사게 된다니, 부럽고 샘난다. 오빠가 새 휴대폰을 들고 내 앞에서 자랑할 게 뻔한데 벌써부터 배가 아프다. 내 휴대폰도 얼른 고장이 나면 좋겠다.

 똑똑 개념어휘

근거는 어떤 일이나 생각에 그 근본이 되는 것을 말해요. 또는 그러한 까닭을 말하지요. 나의 의견을 제시할 때는 내 의견이 왜 옳고, 좋은지를 뒷받침할 수 있는 근거가 필요해요. 구체적인 자료를 제시하면 더 좋아요. 근거가 명확해야만 다른 사람을 설득할 수 있답니다.

28 주관적

#무조건_시후_편? #T랑_F의_차이?

시후 2

루아
강시후, 아직도 삐졌어?

내가 뭘 잘못했는데?

시후
아까 나랑 민세가 싸울 때

네가 민세 편을 들었잖아.

루아
객관적으로 민세는 잘못한 게 없으니까.

시후
주관적으로 판단해야지.

그랬다면 무조건 내 편을 들었을 거야!

나는 네 남자친구잖아!

루아
나의 주관적인 생각도 같아.

민세는 잘못이 없어.

잘못한 게 없는데 민세를 욕할 순 없잖아.

시후

어휴, 로봇이랑 대화하는 거 같아.

팔은 안으로 굽는다는 속담 몰라?

주관적이란 건 그런 거야.

루아

너 지금 나한테 로봇이라고 했어?

나도 화나고 답답해지네.

 루아의 마음 일기

  오늘 시후랑 민세가 싸웠다. 내가 보기에 민세는 잘못한 게 없었다. 그런데 시후는 내가 무조건 자기편을 들었어야 한다고 했다. 무조건 그래야 하는 건 없다. 우리 생각이 이렇게 다를 때마다 시후는 MBTI 이야기를 꺼낸다. 자기는 감성적인 F유형이고 나는 이성적인 T유형이라서 그렇다나? 쳇. 그거랑 이거랑 무슨 상관이라고. 이거야말로 시후의 주관적인 생각 아닌가?

 **똑똑 개념어휘**

주관적은 자기 입장이나 관점을 기준으로 생각하는 것을 말해요. 객관적이 '제삼자'의 입장에서 이야기하는 것이라면, 주관적은 그와 반대로 '나'의 입장에서 이야기하는 것이지요. 그래서 나의 감정이나 생각이 더 많이 담겨 있게 된답니다.

29 직유법

#엄마와_한_컷! #마법사_같은_엄마

엄마 👤 2

 엄마

 엄마
우리 루아 웃는 게 반짝반짝 햇살 같네.
너무 귀엽다.

루아
정말? 😥

엄마
그럼! 엄마 눈에는 세상에서 제일 귀여워!

그런데 루아야, '~같다', '~처럼'을 붙이는 표현이

직유법인 거 알아?

루아
당연히 알지! 내 머리는 국어사전 같아. 😊

헉! 같다? 나 방금 직유법 쓴 거 맞지?

엄마
딩! 동! 댕!

 루아의 마음 일기

　우리 가족은 캠핑을 가면 사진을 많이 찍는다. 나를 가장 예쁘게 찍어 주는 사람은 엄마다. 이번 캠핑에서도 엄마가 찍어 준 사진이 제일 마음에 들었다. 엄마는 마치 내 마음을 읽는 마법사 같다. 내가 원하는 것, 좋아하는 것을 다 알아맞힌다! 마법사 같다? 나 방금 또 직유법을 썼네? 아무래도 진짜 나는 천재인가 보다.

 **똑똑 개념어휘**

직유법은 비슷한 성질이나 모양을 가진 두 사물을 '같이', '처럼', '듯이'와 같은 연결어를 써서 직접 비유하는 표현법이에요. 문학은 물론 일상적인 대화를 하면서도 우리는 자주 직유법을 쓰고 있답니다.

30 희곡

#방과_후_수업의_비밀 #늦은_밤_오빠의_목소리

로운 2

루아
어젯밤에 누구랑 전화한 거야?
시끄러워서 한숨도 못 잤어!

로운
나 전화 안 했는데?

루아
누구랑 대화하는 것 같던데?

로운
아, 희곡을 읽느라 그랬어. 후후.

루아
희곡을 읽는다고?

로운
나 방과 후 수업으로 연극하잖아.
혹시 모를까 봐 설명해 주는 건데,
희곡은 연극을 위해 쓰여진 글이란다. 😎

루아
오빠가 뭐 읽는 거 처음 봐.

로운
네가 못 본 거야!
기대해.
이번 연극에서 꼭 주인공을 할 테니까.
나중에 사인해 달라고 하지나 마라.

루아
흥!
오빠 사인 백 장 줘도 안 가져!

쉿! 루아의 마음 일기

요즘 오빠가 밤마다 시끄럽게 군다. 오빠에게 여자 친구가 생겨서 전화 통화를 하느라 그런 줄 알았는데, 연극 연습을 한단다. 오빠가 연극이라니, 상상이 안 간다. 방과 후 수업에서 좋아하는 언니가 있는 게 분명하다. 아니면 연극으로 인기를 얻어서 여자 친구를 만들려는 속셈인가?

똑똑 개념어휘

희곡은 공연을 하기 위해 만든 연극의 대본을 말해요. 희곡에는 등장인물의 행동과 대화가 적혀 있지요. 배우들은 희곡을 보며 자신이 무대 위에서 해야 할 말이나 행동을 외운 후 연기를 해요. 연극 무대에 오르지 않더라도 희곡은 그 자체로 문학적 가치가 있어요.

31 은유법

#건오의_공개_고백 #화분_말고_너

★ 4-1 친구들 ★ 👤 11

현호
교실의 죽어 가던 화분들이 다시 살아나고 있어!

수빈
헤헤, 나의 솜씨지.

루아
역시 수빈이 최고! 👍

수빈
식물은 내 마음의 쉼터야. 😘

유진
수빈이 은유법도 제법인데?

민준
나도 은유법 써 볼래. 어떻게 하는 거야?

유진
'A는 B다'라고 쓰면 돼.
A를 B로 비유해서 표현하는 거지.

건오
그 화분은 건오의 진심이다. 어때?

미주
화분이 왜 너의 진심이야?

이해가 안 가.

건오
그거 내가 사 온 화분이거든.

그런데 수빈이가 살려 줬으니, 내 마음을…….

루아
송건오, 여기서 그만! ✋

 루아의 마음 일기

   건오의 고백을 알아챈 건 나뿐이었을까? 은유법은 몰라도 건오가 계속 '진심'이나 '마음' 이야기를 하는 바람에 몇몇 아이들은 놀란 것 같았다. 건오는 화분(=건오)이 시들어 가다가 수빈이의 사랑으로 살아났다는 말을 하고 싶었던 거겠지? 수빈이는 더는 대꾸하지 않고 화분 당번을 나에게 넘겼다. 뭔가 눈치챈 건가?

 똑똑 개념어휘

<u>은유법</u>은 사물의 상태나 움직임을 다른 대상에 빗대어 넌지시 표현하는 방법이에요. 'A는 B다'라는 문장 형태로 써요. 여기서 A를 원관념, B를 보조관념이라고 해요. 보조관념을 통해 원관념을 더 풍부하게 표현할 수 있지요. 은유법이 쓰인 문장의 예시로 '시간은 금이다.'가 있어요.

32 암시

#건오가_고백하면_어떡해? #수빈이의_거절

수빈 2

수빈
오늘 미주가 그러는데,
건오가 날 좋아하는 거 같대.
네 생각에도 그래?

루아
단톡방에서 건오가 화분 이야기 했던 거 기억 나?
그게 건오가 보내는 암시인 것 같아.

수빈
화분이 자기 진심이라고?

루아
응. 은근슬쩍 돌려 말하긴 했지만,
분명히 널 좋아한다는 암시가 깔린 말이었어.

수빈
내 예상이 맞았구나.
건오가 고백하면 어쩌지?

루아
수빈아 너는 어때? 건오 좋아해?

수빈
아니. 그냥 친구 사이로 남았으면 좋겠어.

루아
그렇구나. 😢

수빈
고백하지 말라고 네가 좀 말해 주면 안 돼?

루아
음. 그건 좀……. 😢

쉿! 루아의 마음 일기

수빈이가 어려운 부탁을 해 왔다. 나보고 어쩌라는 거지? 안 그래도 문집 일 때문에 요즘 송건오랑 사이가 안 좋다. 송건오에게 가서 "수빈이가 너 안 좋아한대." 하고 말하면 건오는 울고 말 거다. 건오가 우는 모습이 좀 궁금하긴 하지만, 너무 잔인한 것 같다는 생각도 든다. 그냥 수빈이에게 직접 말하라고 해야겠다.

똑똑 개념어휘

암시는 넌지시 무언가를 알리거나, 간접적으로 표현하는 방법을 말해요. 일제 강점기에 이상화 시인이 쓴 「빼앗긴 들에도 봄은 오는가」라는 시에서 빼앗긴 들은 '우리나라'를, 봄은 '독립'을 암시해요. 만약 시인이 직접적으로 독립을 노래했다면 일본 경찰에 잡혀갔겠지만, 암시를 통해 더 큰 울림을 전하고 있지요.

33 원인 34 결과

#기침_콜록콜록 #원인은_바로_아빠?

♥ 우리 가족 ♥ 👤 4

 엄마
다들 감기에 걸려서 어쩌지?

 로운
나는 콧물이 너무 나. 😭

루아
나는 목이 너무 아파!

 아빠
온 가족이 감기에 걸린 이 사태의 **원인**은
바로 나야.
다들 나한테 옮은 것 같아.

루아
맞아, 아빠 계속 기침하던데…

 아빠
며칠 전에 비 맞고 퇴근한 뒤로
으슬으슬 춥고, 기침이 나더라고.

 로운
아빠가 비를 맞은 게 **원인**이었네.

엄마
응. 그 **결과**로 이렇게 감기에 걸린 거고.

오늘 다들 따뜻하게 하고 자자.

 로운
근데 이루아 목소리 진짜 이상해.

루아
심한 목감기에 걸린 **결과**지.

쉿! 루아의 마음 일기

하룻밤 사이 우리 가족 모두 감기에 걸렸다. 다들 콜록콜록 기침하는 모습이 안쓰럽기도 하고 웃기기도 했다. 나는 목소리가 이상하게 변했다. 기침을 너무 많이 해서 그렇다. 내가 봄이를 부르자, 봄이는 캣타워 위로 도망가 버렸다. 평소 내 목소리가 아니어서 놀란 것 같았다. 나도 내 목소리에 놀랐네.

똑똑 개념어휘

'아니 땐 굴뚝에 연기 날까.'라는 속담이 있어요. 굴뚝에 불을 땠으므로 연기가 날 수밖에 없다는 뜻이지요. 모든 일에는 원인과 결과가 있기 때문이에요. **원인**은 어떤 사건이나 변화의 뿌리가 되는 일을 말해요. **결과**는 열매, 원인으로 인한 결말의 상태를 말하고요. 가끔 '왜 이런 일이 일어났을까?' 하고 궁금할 때가 있어요. 그럴 땐 그 일을 거슬러 올라가 '왜'에 대한 대답을 찾아보도록 해요. 그게 바로 원인이랍니다.

35 관점

#오빠의_발_연기 #고양이가_봐도_이상해

이모 👤 2

루아
요즘 오빠가 연극 연습을 하고 있거든?

그런데 봄이가 이상해.

이모
응? 어떻게 이상해?

루아
오빠가 연기할 때 옆에 앉아서

한심하다는 표정으로 계속 보고 있어. 😂

이모
봄이 관점에서는 로운이가 이상해 보이긴 하겠지.

혼자서 막 떠들고 있으니까.

루아
맞아. 오빠가 혼자서 웃다가 울다가 그러거든.

사람 관점에서 봐도 이상해.

이모
연기를 보는 관점은 다양하니까. 😄

이모도 로운이 연기 보고 싶다.

> 루아
> 엄청 발 연기야.

이모
그런데 로운이가 한다는 연극 뭔지 알아?

> 루아
> 나도 잘 몰라.
> 오빠는 자기가 주인공 할 거래.
> 과연 오빠가 주인공을 할 수 있을까?

 루아의 마음 일기

<u>오빠의 연기 실력은 형편없다. 완전 발 연기. 책을 읽는 것처럼 어색하고 이상하다. 봄이 눈에도 이상해 보이긴 마찬가지인가 보다. 하지만 엄마의 관점에서는 연기는 조금 어색해도 열심히 연습하는 모습이 좋아 보인단다. 같은 연기를 보고도 생각하는 게 이렇게나 다르다니. 역시 관점은 다양하다.</u>

 똑똑 개념어휘

관점은 사물이나 현상을 관찰할 때, 그 사람이 보고 생각하는 태도나 방향, 처지를 말해요. 문학에는 글을 쓴 작가의 관점이 아주 잘 드러나 있어요. 작가의 관점은 곧 주제와도 연결되지요. 특히 논설문처럼 주장하는 글에는 작가의 관점이 아주 강하게 나타난답니다.

36 동음이의어

#루아의_화해법 #최고의_약은_웃음

시후 2

루아
시후야, 아직도 삐졌어?

시후
몰라. 말 걸지 마!

루아
말 걸지 마? 이히히힝!
그러면 소를 걸까? 아니면 닭?

시후
무슨 소리야?
동음이의어로 장난해?

루아
동음이의어가 뭔지 모르겠네?
나 감 떨어졌나 봐.
감이 떨어진다!

시후
어휴. 웃겨, 이루아.

루아

어? 너 웃었지? 화 풀린 거다?

시후

어이없어서 웃었어!

 루아의 마음 일기

시후의 화를 풀어 주는 방법은 간단하다. 웃기면 된다. 시후는 아주 어이없을 때 웃는다. 유치한 개그 같은 것 말이다. 나도 손발이 오그라들지만, 동음이의어 개그를 했다. 아빠도 가끔 엄마한테 이런 말장난을 한다. 물론 나는 하나도 안 웃기다. 하지만 시후를 위해서라면 유치한 개그쯤이야!

똑똑 개념어휘

동음이의어는 소리는 같으나 뜻이 다른 낱말을 말해요. 동음이의어의 예를 알아볼까요?

밤 : ① 해가 져서 어두워진 시간 ② 밤나무의 열매

배 : ① 사람이나 동물의 몸에서 내장이 들어있는 곳
　　　② 사람이나 짐을 싣고 물 위를 떠다니는 물건

짜다 : ① 누르거나 비틀어서 물기나 기름을 빼내다 ② 소금과 같은 맛

세다 : ① 힘이 많다 ② 사물의 숫자를 헤아리다

차다 : ① 발로 내어 지르거나 받아 올리다 ② 몸에 느끼는 온도가 낮다

37 운율

#새로운_동시_탄생 #핑크_젤리의_정체는?

예린 👤 2

루아
나 동시 새로 썼는데 좀 봐 줘!

핑쿠젤리

말캉말캉 젤리는 달콤해
내 발바닥에도 젤리가 있지
핑!핑!핑! 핑쿠젤리

높은 데서 툭 떨어져도 사뿐
재빠르게 달리다가 멈춰도 사뿐
핑!핑!핑! 핑쿠젤리

멋진 발 도장을 원하면 나를 불러 줘
내가 달콤한 젤리를 콕 찍어 줄게
핑!핑!핑! 핑쿠젤리

예린
운율이 살아 있는데?

루아
운율이 느껴져? 어디에?

예린
핑!핑!핑! 핑쿠젤리 이 부분!
같은 말이 반복되니까 노래 같아.
이 동시 귀엽고 아주 좋아!

루아
야호! 칭찬받았다!
얼른 유진이에게 보여 줘야지!

루아의 마음 일기

오늘 나의 두 번째 동시가 탄생하였다. 제목은 「핑쿠젤리」! 봄이랑 누워 있다가 번뜩 영감이 떠올랐다. 나는 정말 천재인가 봐! 예린이가 칭찬해 줬으니 유진이도 좋다고 하겠지? 제발!

똑똑 개념어휘

운율은 시에서 느껴지는 말의 리듬감을 말해요. 마치 노래처럼 강해졌다가 약해지고, 높아졌다가 낮아지면서 비슷한 말이 반복되는 것이지요.

38 비평

#무서운_비평가 #또_탈락은_싫어

유진 2

루아
「핑쿠젤리」 어때?

유진
재미있어.
하지만 문집에 넣을지는 생각해 볼게!

루아
생각? 또 탈락이야? 😢

유진
나는 편집장이니까, **비평**할 수밖에 없어.
좀 기다려 줘.

루아
비평? 비난 아니고?

유진
비난이라니!
난 친구들의 글을 문집에 실을 만한지 판단하기 위해
그 가치를 분석할 뿐이야!

루아
맨날 탈락만 시키고! 너무 속상해!

유진
루아야, 사실 네 동시 너무 좋아. 문집에 꼭 실을게.

루아
생각해 본다며! 왜 말을 바꿔?

유진
아, 그건…….

루아의 마음 일기

유진이와 톡을 한 뒤, 섭섭한 마음에 나도 모르게 눈물이 나왔다. 채유진 너무해. 이번에 새로 쓴 동시까지 탈락시킬 줄은 몰랐다. 내가 섭섭해하니까 다시 문집에 실어 준다고 말을 바꿨다. 그게 더 자존심 상한다. 유진이는 문집을 만들 생각이 있기는 한 걸까? 너무너무 화가 난다.

똑똑 개념어휘

비평은 사물의 옳고 그름, 아름다움과 추함을 분석하여 가치를 따지는 걸 말해요. 보통은 책이나 영화, 그림 같은 예술 작품을 비평하지요. 좋은 점을 찾아서 더 많은 사람에게 알려지도록 하거나, 작품 안에 숨겨져 있는 작가의 의도를 찾아내기도 해요. 비평을 직업으로 하는 사람을 '비평가'라고 부른답니다.

39 대사

#발_연기_이로운 #오빠의_연기_비평

로운 👤 2

로운
이루아 바빠?

루아
바빠! 왜?

로운
나 연기 연습 하는데 도와 달라고.
내가 **대사**를 제대로 외웠나 봐 줘.
상대 배우 **대사**도 좀 읽어 주고.

루아
그럼 나도 연기해야 하는 거 아니야?

로운
아니. 넌 배우가 아니잖아.

루아
근데 나 오빠가 연습하는 거 봤는데
오빠 완전 발 연기야.
오빠도 배우 아니야.

로운
뭐? 😠 도와주기 싫으면 말아!

그리고 나 발 연기 아니거든!

루아
봄이도 오빠 연기 보고 비웃었거든!

루아의 마음 일기

요즘 봄이는 맨날 로운 오빠 연기를 구경한다. 오빠 연기가 재밌나 보다. 특히 오빠가 물에 빠진 사람을 연기할 때, 침대에 누워서 허우적대는 모습은 내가 봐도 웃겼다. 하지만 나는 웃음을 참으며 안 웃긴 척했다. 아까 그냥 대사 연습 도와줄 걸 그랬나. 해 주면 아이스크림 사 준댔는데, 아깝다. 나도 모르게 오빠 연기를 비평했네.

똑똑 개념어휘

희곡에는 무대의 형태나 배우가 어떻게 행동할지 알려 주는 지문과 '대사'가 적혀 있어요. 대사는 연극이나 영화에서 배우가 하는 말이지요. 그러니까 배우는 자신이 맡은 역할의 대사를 전부 외워야 관객 앞에서 연기할 수 있답니다. 대사는 여러 등장인물이 주고받는 '대사'와 혼자 말하는 '독백', 관객에게 말하는 '방백'으로 나뉘어요.

40 독자

#나의_애독자 #건오의_솔깃한_제안

건오 👤 2

건오
이루아, 네가 쓴 동시 「핑쿠젤리」 봤어.

루아
뭐? 송건오 네가 그걸 왜 봐!

건오
무지개 분식 휴지통에서 주웠지. 후후. 😎

루아
내 허락도 없이!

건오
훌륭하던데? 편집장으로서 놀랐어.

그리고 **독자**로서 감탄했다.

루아
네가 무슨 **독자**냐?

건오
난 네가 쓴 글을 읽은 사람이니 **독자** 맞지.

아니, 너의 글을 좋아하게 됐으니까

애독자라고 부르자.

루아
> 그렇게…… 괜찮았어?

건오
> 그래서 네 글을 우리 문집에 싣기로 했다.

루아
> 뭐래? 말도 안 되는 소리 마!

건오
> 첫 번째로 넣어 줄게!
> 이루아 작가님!

루아의 마음 일기

유진이와 싸운 다음 날 아무렇지 않게 인사했지만, 왠지 서먹했다. 그런데 그날 마침 내 동시가 좋다는 건오의 톡을 받은 거다. 말도 안 되는 소리 말라고 화는 냈어도 위로받는 기분이 들었다. 그래서 나도 모르게 내 시를 건오네 문집에 싣는 것을 허락해 버렸다. 으아, 어쩌지? 유진이가 알면 화내겠지?

똑똑 개념어휘

독자는 책이나 신문, 잡지 등의 글을 읽는 사람을 말해요. 독자는 글의 주제와 의도를 파악하며 작가와 소통하지요. 어떤 글을 좋아하게 되어 꾸준히 읽는 사람을 애독자라고 부른답니다.

내 진심이 향한 곳

* 만화 속 올바른 개념어휘를 찾아보아요.

41 논설문

#오늘의_숙제는_논설문 #아이고_머리야

★ 4-1 친구들 ★ 👤 11

건오
다들 **논설문** 숙제는 했어?

루아
으아, 말하지 마. 😵
듣기만 해도 머리 아파.

현호
논설문은 도대체 어떻게 쓰는 거냐?

미주
자기가 주장하고 싶은 걸 쓰는 거 아니야?

민준
난 주장할 게 없는데?

유진
그럴 리가. 넌 뭐든 다 좋아?

민준
난 자전거만 있으면 돼!

그럼 다 좋아.

아니다! 자전거 도로가 더 많아지면 좋겠어!

루아

그걸 주장하는 논설문을 쓰면 되겠네.

민준

이루아 천재!

고마워! 👍

예린

나는 뭘 쓰지? 아이고 머리야.

쉿! 루아의 마음 일기

나는 동시는 자신 있는데 논설문은 어렵다. 같은 글쓰기인데 이렇게 다를 수 있나? 어쨌든 나는 꾸역꾸역 논설문 숙제를 마쳤다. 참! 아직도 유진이에게 사실을 털어놓지 못했다. 건오에게 내 동시를 빼달라고도 못 했다. 어쩌지. 논설문 숙제보다 더 큰 숙제가 있었네.

똑똑 개념어휘

논설문은 어떤 주제에 관하여 자기의 생각이나 주장을 조리 있게 설명하는 글이에요. 논설문은 서론, 본론, 결론으로 나뉘는데 각 부분에 어떤 내용이 들어가는지 알아볼까요?

- **서론** : 왜 이런 주장을 하게 되었는지를 써요.
- **본론** : 그 주장을 뒷받침하는 타당한 근거를 내세워요.
- **결론** : 나의 주장을 강조하며 전체 글을 정리해요.

42 감각

#휴대폰_대신_모자 #이번에는_내가_패션왕

아빠 2

아빠
루아야, 휴대폰 아직 안 고장 났지?

루아
쳇, 오빠만 새 휴대폰 사 주고.

아빠
대신, 아빠가 루아 모자 샀다!

루아
헉! 예쁘다! 내가 좋아하는 색깔!
노란 유채꽃밭 같아.

아빠
오, 루아 표현이 멋진데?

루아
이게 바로 감각적 표현이야!
이번 주말에 박물관 갈 때 쓰고 가야지.
모자 쓰고 사진도 많이 찍을 거야.

아빠
좋아! 👍 사진도 멋지게 나올 거야.

쉿! 루아의 마음 일기

오빠에게 새 휴대폰이 생겼다. 한동안 오빠는 새 휴대폰을 자랑하고 다녔다. 나는 오빠의 휴대폰을 볼 때마다 샘이 났다. 그렇다고 내 휴대폰을 억지로 부술 순 없었다. 그래도 오늘 아빠가 새 모자를 사 줘서 기분이 좋아졌다. 친구들 앞에서 폼나게 쓸 생각을 하니 설렌다. 얼른 토요일이 오면 좋겠다.

똑똑 개념어휘

감각은 눈, 코, 귀, 혀, 살갗을 통하여 바깥의 어떤 자극을 알아차린다는 의미예요. 문학 작품에서는 감각적 표현을 많이 사용해요. 마치 직접 냄새를 맡거나, 보고, 듣고, 만지고, 맛보는 것 같은 생생한 느낌을 주는 표현을 감각적 표현이라고 하지요.

43 냉소적

#차가운_유진이 #그리고_따뜻한_유진이

유진 2

유진
루아야,
그날 너 화 많이 났지?

루아
어? 😅
아니야, 이젠 다 까먹었어.

유진
내가 너무 **냉소적**으로 보였을 것 같아.

루아
냉소적?
차갑다……는 뜻인가?

유진
응. 내가 너무 아이들한테 쌀쌀맞았어.
반 아이들도 나더러 **냉소적**이라고 수군대더라.
내가 맨날 아이들이 쓴 글을 탈락시키니까,
자기들을 무시한다고 느꼈나 봐. 😢

루아
문집을 잘 만들기 위해서 그랬던 거잖아.

넌 다른 아이들 비웃거나 무시한 적 없어.

유진
내 마음 알아 줘서 고마워.

루아
응. 오히려 내가 미안한데…….

유진
무슨 소리야, 네가 잘못한 건 없지.

루아의 마음 일기

유진이에게 차마 말할 수 없었다. 『진짜 어린이』에 동시를 싣게 됐다고 말해야 하는데 어떻게 말해야 할지 모르겠다. 유진이가 나에게 진심으로 사과까지 하니까 더 괴롭다. 유진아, 차라리 나한테 계속 화를 내! 내일이라도 건오에게 말해야겠다. 내 동시는 빼 달라고!

똑똑 개념어휘

냉소적은 차가운 태도로 업신여기며 비웃는 모습을 말해요. 문학에서 표현하는 대상을 업신여기며 비웃는 것을 냉소적 태도라고 하지요. 사회적으로 문제가 많고 혼란스러운 시기에는 거리를 두고 문제점을 차갑게 비판하는 '냉소적 어조'의 작가가 눈에 띈답니다.

설화

#도저히_말_못_해! #건오의_미리_쓰는_설화

건오 👤 2

루아
송건오. 나 할 말 있어.

 건오
이루아 작가님! 뭐든 말하세요.

루아
음…… 아니야. 😭

 건오
나 안 그래도 너한테 뭐 물어보려고 했어.
우리 문집에 설화를 넣으려고 하거든?
어때? 재밌을 것 같지?

루아
설화? 옛날부터 전해져 내려오는 신화나 전설?
그거 단군 할아버지가 태어난 이야기 같은 거잖아.

 건오
나 송건오의 탄생 설화를 써 볼까 해. 😎
나도 단군 할아버지처럼 유명해질 수도 있잖아.
그래서 미리 쓰려고! 내 태몽에 곰이 나왔다고!

루아
아, 뭐라고 말해야 할지 모르겠네.

 건오
그냥 멋있다고 하면 돼.

루아
하나도 안 멋있거든!

쉿! 루아의 마음 일기

문집에서 내 동시를 빼 달라고 하기 위해 건오에게 톡을 했다. 그런데 차마 말할 수 없었다. 대신 건오의 이상한 설화 이야기만 잔뜩 들었다. 자기 이야기로 설화를 쓰겠다고? 건오는 정말 이상하다. 건오 머릿속에는 대체 뭐가 든 걸까? 건오가 유명해질 방법은 딱 하나, 세상에서 가장 이상한 어린이로 알려지는 것이다.

 똑똑 개념어휘

설화는 민족 사이에서 말로써 전해져 내려오는 신화, 전설, 민담 등을 말해요. 곰이 쑥과 마늘을 먹고서 웅녀가 되어서 하늘의 아들 환웅과 결혼하여 단군을 낳았다는 '단군 신화'도 설화이지요. 알에서 태어났다는 신라의 왕 박혁거세 이야기도 잘 알려진 설화 중 하나랍니다.

45 분석

#오빠의_배역은? #어느_나무의_비극

♥ 우리 가족 ♥ 4

로운
오늘 연극 배역이 정해졌는데 나 나무1이야.

엄마
헉. 어떻게 그런 결과가!

루아
내가 그 이유를 **분석**해 볼게.

아빠
루아가 **분석**을?

루아
일단 오빠는 발 연기야.
그리고 대사를 못 외워.

로운
야, 이루아! 너 말 다 했어?

아빠
아주 냉철한 **분석**이네.

엄마
그래도 오빠에게 그런 말 하면 오빠가 자존심 상하잖아.

로운
역시 엄마는 내 편이야. 😭

엄마
엄마는 로운이 연기 기대되는데?

로운
응! 난 나무1도 최선을 다해서 잘할 거야!
기죽지 않는다! 🔥

아빠
우리 로운이 멋지다!

🤫 루아의 마음 일기

나는 오빠가 왜 나무1이 되었는지 낱낱이 분석해 주었다. 말하고 나니 왠지 좀 미안했다. 오빠가 기분이 많이 상했을까? 유진이가 내 동시를 냉철하게 분석하고 탈락시켰을 때, 나도 기분이 별로였다. 내가 오빠를 주인공에서 탈락시킨 건 아니지만 너무 팩트 폭격이었던 것 같다. 분석적인 이루아는 가끔만 돼야지.

똑똑 개념어휘

분석은 복잡한 내용을 풀어서 여러 요소와 성질로 나누어 살피는 것을 말해요. 어떤 사건이 일어나면 왜 일어났는지 원인을 분석하기도 하지요. 글에서 분석은 무언가를 설명하기 위해 일의 순서를 차례대로 세우거나, 대상을 항목에 따라 차근차근 나누는 과정이에요.

46 문장 부호

#사라진_문장_부호 #사라진_작가님

♨ 영원한 삼총사 ♨ 3

예린
미주가 문집에 글 냈다며?

루아
응. 엄청 기대하더라.

유진
아, 어제 받았어.
그런데 문장 부호가 하나도 없더라고.

루아
문장 부호? 따옴표, 쉼표 그런 거?

유진
응. 문장에 마침표가 하나도 없어.
질문하는 문장에도 물음표가 없고.

예린
이상하네? 🤔

루아
그렇게 글을 쓸 수 있나?
미주가 실수했나 보다.

유진
미주한테 고쳐 달라고 말해야겠다.

예린
문장 부호만 다시 쓰는 거면 금방 고칠 거야.

유진
그러면 좋겠네.

루아의 마음 일기

미주는 문집에 자기 글이 실린다며 잔뜩 기대에 부풀었다. 그런데 유진이가 또 글을 고쳐 달라고 하니까 화가 났나 보다. 결국 미주는 건오가 만드는 『진짜 어린이』에 글을 내겠다고 했다. 그 말을 듣고 속상해하는 유진이를 보니 나도 죄책감이 들었다.

똑똑 개념어휘

문장 부호는 글에서 문장의 구조를 잘 파악할 수 있도록 하고, 글쓴이의 의도를 쉽게 전달하기 위해서 쓰는 여러 가지 부호를 말해요.

. 마침표	마침표는 문장을 마칠 때 써요.	? 물음표	물음표는 물어보는 문장의 마지막에 써요.
, 쉼표	쉼표는 문장에서 쉬어 갈 때, 누구를 부를 때 써요.	! 느낌표	느낌표는 느낌을 나타낼 때, 감탄할 때 써요.
" " 큰따옴표	큰따옴표는 대화 내용을 보여 줄 때 써요.	' ' 작은따옴표	작은따옴표는 속마음을 나타낼 때 써요.

47 호응

#말을_하다가_말다가 #나와_시후도_호응!

시후 2

루아
유진이한테 사실대로 말해야겠지?

나중에 알면 결코

시후
결코, 뭐?

이루아, 어디 갔어?

루아야! 화장실 간 거야?

루아
아, 엄마가 불러서 갔다 옴.

시후
결코 다음에 뭐라고 말하려 했어?

결코 용서하지 않을 거다?

루아
헉. 😦 뒤에 할 말을 어떻게 알았어?

시후
말의 **호응**을 생각했지. 앞에서 '결코'라고 했으면

뒤에 '-하지 않겠다'라는 말이 올 테니까.

루아

오. 맞네. 👍

앞에서 '제발'이라고 하면,

뒤에 '-해 달라'는 말이 오는 것처럼.

시후

응. 앞의 말에 어울리는 말이

뒤따라 오니까 호응이지.

루아의 마음 일기

시후한테 내 고민을 털어놓았다. 내가 고민이 있을 때마다 시후는 열심히 내 이야기를 들어 준다. 시후는 지금이라도 유진이에게 사실대로 말하라고 했다. 『진짜 어린이』에 시를 싣든 아니든 말이다. 늦게 이야기할수록 유진이 기분만 더 상할 거라고도 했다. 이렇게 고민하고 있을 시간이 없다. 얼른 시후 말대로 해야겠다.

똑똑 개념어휘

호응은 부름에 응답한다는 뜻이에요. 문장에서 어떤 말이 오면 거기에 어울리는 말이 뒤따라올 때 호응이라는 말을 써요. '결코'가 오면 그 뒤에는 부정적인 문장이 따라오고, '제발'이 오면 부탁하는 문장이 따라와요. '아마'가 오면 추측하는 문장을 연결할 수 있겠지요?

48 모방

#우리_반의_화가_미주 #따라쟁이_재하

★ 4-1 친구들 ★ 👤 11

미주
미술 시간에 재하가 내 그림을 따라 그렸어.

건오
헉, 진짜? 😮

재하
엥? 그게 아니야!
따라 한 게 아니라 **모방**이야.

유진
모방이 따라 했다는 거야.

미주
응! 나랑 구도도 똑같고 색깔까지 똑같아!

재하
그냥 미주 그림이 좋아 보여서
나도 그렇게 한 건데?

예린
자유롭게 그림을 그리는 건 좋은데
네가 생각해서 그려야지.

민준
모방이라고 다 좋은 게 아니구나?

건오
본받을 만한 사람의 행동을 모방하는 건 좋지.
바로 나 송건오의 모든 행동!

루아
오 마이 갓!
송건오는 맨날 이상한 소리만 해.

 루아의 마음 일기

미주는 그림을 아주 잘 그린다. 아마 우리 반에서 제일 잘 그릴 거다. 상도 많이 받았다. 가끔 나도 미주처럼 그림을 그릴 수 있으면 좋겠다고 생각한다. 아마 재하도 그런 마음에 미주 그림을 따라 그렸겠지. 하지만 미주의 그림이 재하 것보다 훨씬 좋았다. 아무리 똑같이 모방한다 해도 진짜를 따라갈 순 없었다.

 똑똑 개념어휘

모방은 다른 것을 본뜨거나 본받는 것을 말해요. 사람은 여러 사람의 좋은 점을 모방하면서 발전하기도 해요. 내가 좋아하는 작가의 글을 따라 쓰다 보면 작가와 나의 세계가 합쳐지기도 하거든요. 그러면서 더 나은 글을 쓰게 되지요. 반대로 무조건 남의 것을 베끼고 내 것이라고 주장하는 행위는 좋지 않아요. 그런 것을 표절이라고 하지요.

49 지문

#춤추는_나무 #아니면_웃기는_나무

♥ 우리 가족 ♥ 👤 4

로운
다다음 주 수요일에 나 연극해. ✌

엄마
엄마가 꼭 보러 갈게.

루아
오빠 나무1인데 대사가 있어?

로운
없어. 지문만 있어.

루아
지문이 뭔데?

아빠
지문은 희곡에서 어떤 행동을 하거나 감정을 표현하라고 지시한 문장이야.

로운
나무1이 하는 게 얼마나 많은데!
춤추다가 쓰러지고,
또 새로운 잎사귀도 피어나.

엄마
우리 로운이 바쁘겠네.

아빠
아빠도 로운이 연극 궁금하다.

루아
나도 꼭 보러 갈게!

로운
이루아 넌 오지 마!

루아
보러 갈 거다. 메롱.

쉿! 루아의 마음 일기

드디어 오빠의 연극 공연이 2주 앞으로 다가왔다. 오빠는 연극에서 나무 역할이 3명이나 되는데, 그중 자기가 첫 번째 나무라고 자랑했다. 특히 나무가 바람에 흔들리듯 좌우로 몸을 흔들며 춤추는 장면은 정말 어렵다고. 오빠가 제대로 춤을 추면 다들 재밌다고 웃는다고 했다. 오빠의 역할은 웃기는 나무인가 보다.

똑똑 개념어휘

희곡에서 해설과 대사를 뺀 나머지 글을 지문이라고 해요. 지문에는 인물의 동작이나 표정, 심리, 말투에 관한 설명이 적혀 있어요. 그래서 지문은 대사만큼이나 희곡을 이해하고 준비하는 데 중요한 요소랍니다.

50 수필

#할머니의_백일장 #우리_할머니는_국어왕

외할머니 2

 외할머니

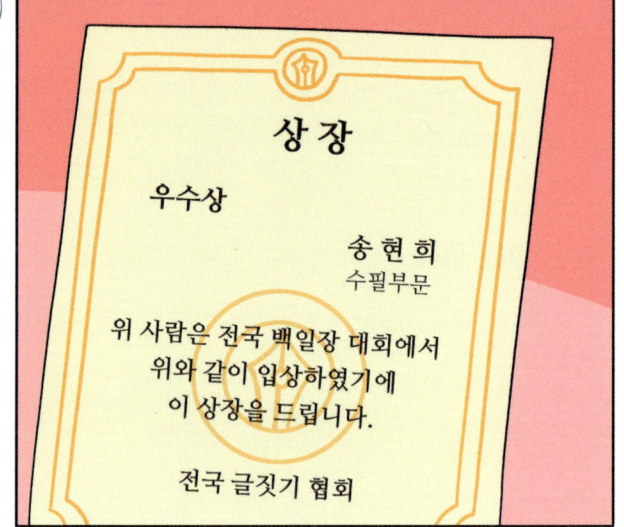

루아

헉! 할머니

백일장에서 상 받았어?

우아, 수필을 썼어?

할머니 진짜 멋있다.

외할머니
응. 할머니는 수필이 좋아. 😊

경험했던 일이나,

그때 느낀 점을 자유롭게 쓰기만 하면 되니까.

루아

멋지다. 나도 써 볼까?

다음에 할머니 수필 보여 줘!

외할머니
응. 당연하지!

쉿! 루아의 마음 일기

외할머니는 국어 선생님이셨다. 그래서 내 맞춤법이나 속담, 고사성어, 관용어 공부를 도와주셨다. 국어를 잘하니까 글도 잘 쓰는 건 어쩌면 당연한데 나는 할머니가 글을 잘 쓴다는 사실을 이제야 알았다. 할머니는 상금으로 나에게 책을 사 주겠다고 하셨다. 무슨 책을 고를까? 만화책은 안 되겠지?

똑똑 개념어휘

수필은 살아온 삶, 그리고 자연이나 생활에서 느낀 점을 생각나는 대로 자유롭게 쓴 긴 글이에요. 수필을 읽으면 글쓴이의 개성과 인간성을 알 수 있지요. 또 유머와 위트, 기지도 담겨 있답니다. 에세이라고도 불러요.

51 순화

#추억을_모아 #타임캡슐과_기억_상자

♨ 영원한 삼총사 ♨ 3

예린
우리끼리 타임캡슐 만들면 어때?

루아
그게 뭐야? 😮

예린
추억이 담긴 물건을 상자에 넣고 땅에 묻는 거야.

루아
좋다. 우리 한 20살 때 꺼내 보면 재미있겠다.

유진
타임캡슐 말고, 기억 상자라고 하자.

예린
그건 달라?

유진
아니. 외래어나 한자어 말고 우리말로 순화한 거야.

루아
아, 순화!

내 이름도 순우리말 이름이야. 이루아!

예린
나도 앞으로 순화어 쓸래.

세종 대왕 님이 좋아하시겠지?

루아
그러면 다음 달에 기억 상자 만들자!

유진
좋아! 😊

루아의 마음 일기

기억 상자에 무엇을 담을까? 우리 셋이 맞춘 우정 팔찌랑 지갑을 넣으면 좋을 것 같다. 서로 주고받은 편지와 쪽지, 같이 본 영화표도 넣어야지. 그런데 유진이가 우리 문집도 기억 상자에 넣고 싶다고 했다. 갑자기 또 죄책감이 밀려왔다.

 똑똑 개념어휘

<u>순화</u>는 잡스러운 것을 걸러서 순수하게 한다는 뜻이에요. 순화어는 깨끗하고 바르게 다듬은 말을 이르는데 지나치게 어려운 말, 비규범적인 말, 외래어를 규범적인 말이나 순우리말로 바꾸는 것이지요.

외래어를 우리말로 순화하기!

- 버킷리스트 ▶ 소망 목록
- 리플 ▶ 댓글
- 언택트 ▶ 비대면
- 오뎅 ▶ 어묵
- 스크린 도어 ▶ 안전문
- 리사이클 ▶ 재활용

52 시적 허용

#고양이보다_꼬양이 #칭찬에_약한_타입

건오 2

루아
야, 송건오!
내 동시 말이야,
그거 『진짜 어린이』에서 빼 줘.

건오
무슨 소리야!
넌 내 최고의 작가님이야.
다른 동시 또 없냐고 물어보려 했다고!

루아
흠, 「고양이 꼬순내」라고 있긴 한데,
유진이가 표준어가 아니라고 해서
「고양이 냄새」로 바꾸긴 했다.

건오
왜 바꿔! 너희는 시적 허용도 몰라?
아름다운 시 구절을 위해서라면
맞춤법이나 표현이 틀려도 된다는 법!

루아

시적 허용?

유진이가 그걸 모르겠어?

건오

나는 「고양이 꼬순내」가 더 좋아.

재미있잖아.

루아

정말…… 좋아?

 루아의 마음 일기

그러려고 한 건 아니었다. 『진짜 어린이』에서 내 동시를 빼 달라고 건오에게 톡을 걸었다가 「고양이 꼬순내」까지 보내 주게 되었다. 어쩌다 이런 일이! 유진이가 알면 안 되는데. 송건오가 "작가님, 작가님" 하고 불러 주니까 나도 모르게 동시를 내놓게 된다. 건오가 '작가님'에 마법을 걸었나? 건오랑 계속 대화하다간 써 놓은 동시를 다 내주게 생겼다.

 똑똑 개념어휘

시적 허용은 시에서만 특별하게 허용되는 비문법성을 말해요. 띄어쓰기나 맞춤법이 좀 어긋나는 표현이라도 시의 운율이나 아름다움을 위해 써도 좋다고 하는 거지요. 너무 틀에 박힌 문장만 쓰다 보면 작가의 자유로운 정신이 얽매이기 때문이에요.

53 토론   54 토의

#학급_회의_주제는?   #건오의_화분

★ 4-1 친구들 ★ 👤 11

건오
이번 주 학급 회의 **토론** 주제를 뭘로 할까?

수빈
토론할 거 있어. 갑자기 화분이 너무 많아짐!

루아
건오가 자꾸 가져와서 그래.

민준
송건오의 사랑의 화분. 😊

수빈
그럼 **토론**할 거야? **토의**할 거야?

예린
토론이랑 **토의**가 달라?

둘 다 회의하는 거 아니야?

유진
토론은 어떤 문제에 대해서 찬성과 반대를 정하는 거고

토의는 그 문제를 어떻게 해결할지

의견을 내서 방법을 찾는 거야.

수빈
토론으로 하자!

화분 수를 줄일지 말지

찬성, 반대를 정하는 거야.

건오
화분을 줄이는 건 안 돼!

많은 화분을 어떻게 관리할지 **토의**하자.

루아의 마음 일기

건오는 수빈이를 짝사랑한다. 교실에 화분을 가져오는 이유도 그 짝사랑 때문이다. 수빈이가 교실 화분을 관리하는 게 자기 마음을 돌보는 거라나 뭐라나. 교실에는 벌써 건오가 가져온 화분이 일곱 개나 된다. 내일 학급 회의에서 건오의 화분에 대해서 어떤 의견이 나올까? 수빈이는 더 이상 건오의 화분을 돌볼 마음이 없어 보인다. 백 퍼센트!

똑똑 개념어휘

토론과 **토의**는 둘 다 어떤 문제에 관하여 여러 사람이 자기 의견을 말하고 그 의견들을 검토하는 것을 말해요. 회의를 열고 여러 의견을 나눈다는 점에서 같아요. 하지만 토의가 문제를 어떻게 해결할지 방법을 모으는 과정이라면, 토론은 그것을 할지 말지 찬성과 반대를 붙이는 일이랍니다.

55 활유법

#제멋대로_텔레비전 #텔레비전의_경고

시후 👤 2

시후
아까 정말 깜짝 놀랐어. 😮
텔레비전이 갑자기 꺼졌다 켜지더니
채널이 제멋대로 막 돌아가는 거야.

루아
헉! 😅

시후
집에 혼자 있는데
갑자기 텔레비전이 그러니까 좀 무서웠어.

루아
텔레비전이 잔소리하는 거야.
오, 나 방금 **활유법** 썼다.

시후
활유법! 나도 알아.
무생물을 생명처럼 표현하는 것!
이불이 나를 따뜻하게 감싸 주었다.
이것도 **활유법** 맞지?

루아
응, 맞아!

와, 시후 너 되게 잘 안다.

시후
나도 국어 공부 좀 했지.

🤫 루아의 마음 일기

시후는 태권도를 잘하지만, 겁도 많다. 벌레랑 귀신을 무서워한다. 만약 우리 집 텔레비전이 저 혼자서 꺼졌다 켜졌다면 나는 이상하다고 웃고 말았을 거다. 나와 시후는 이렇게 다르지만, 그래서 서로를 좋아한다. 아, 시후의 텔레비전 사건으로 동시를 써야겠다. 건오에게 동시 2편을 다 줘 버렸으니, 유진이에게 줄 동시를 새로 써야 한다.

똑똑 개념어휘

활유법은 생명이 없는 물건을 살아 있는 것처럼 표현하거나, 감정이 없는 생물을 감정이 있는 것처럼 표현하는 것을 말해요. '단풍 옷 입은 산'이라는 표현을 예로 들어 볼게요. 산은 옷을 입을 수 없지만, 단풍이 물든 산을 사람처럼 '옷을 입었다'라고 묘사했어요.

56 출처

#세상에_비밀은_없다 #비밀_폭발_직전의_경고

예린 2

예린
루아야, 너 혹시 건오 문집에 시 냈어?

루아
응? 내가?

예린
소문을 들었는데 아니지? 아닌 줄 알았어.

루아
그 소문의 **출처**가 어딘데?

예린
출처라니? 누가 말했냐고?

루아
어! 누가 가장 먼저 말했어?

예린
어제 무지개 분식에서 민준이가 그러더라.

루아
이민준이 **출처**였군.
내가 비밀로 하랬는데!

예린
뭐야, 그럼 그게 사실이었어?
유진이가 알면 어쩌려고 그래.

루아
몰라.
어쩌다 보니 그렇게 됐어.
유진이가 알면 화 많이 내겠지?

 루아의 마음 일기

    내가 건오와 민준이에게 동시를 주면서 내건 조건은 딱 하나였다. 문집 첫 번째에 넣어 달라는 것도 아니고, 작가님이라고 불러 달라는 것도 아니었다. 유진이에게는 비밀로 할 것! 하지만 어차피 문집이 나오면 다 알게 될 일이었다. 예린이가 알았으니 곧 유진이도 알게 되겠지? 큰일이다.

 똑똑 개념어휘

출처는 사물이나 말 따위가 처음 시작된 곳을 말해요. 내가 쓴 글의 내용을 보강하기 위해 다른 사람의 글을 인용하거나, 이미지를 넣을 때가 있어요. 이처럼 다른 사람이 창작한 사진, 글, 그림을 사용할 때는 어디서 가져온 것인지 꼭 출처를 밝혀야 해요. 그렇지 않으면 내가 만든 작품처럼 보일 수 있거든요. 다른 작가의 작품을 허락받지 않고 몰래 사용한 게 되지요.

57 요약문

#요약문을_보고_요약하기? #그건_반칙이야!

로운 2

루아
이로운!
나도 컴퓨터 써야 해!

로운
미안. 나 숙제 중.

루아
뭔데 그렇게 오래 걸려?

로운
전래 동화 읽고 요약문 쓰기.

루아
요약문? 중요한 내용만 짧게 쓰는 거?

로운
응.
그래서 인터넷에서 요약문 검색 중이야.

루아
그거 반칙 아니야?
다른 사람이 쓴 거 베끼는 거잖아!

로운
아니야.

다른 사람이 쓴 요약문을 보고 다시 요약하는 거지.

루아
이상한데? 😏

엄마 아빠한테 말해야겠어.

로운
하지 마! 😠

루아의 마음 일기

얼마 전에 우리 반에도 인터넷에 나온 내용을 그대로 베껴서 숙제했다가 선생님에게 혼이 난 애가 있었다. 그런데 오빠가 그럴 줄이야! 아무리 급해도 베끼는 건 안 된다. 엄마 아빠한테 말한다는 내 작전이 통했는지, 결국 오빠는 전래 동화를 다 읽고 요약문을 썼다. 이럴 때 보면 내가 누나고, 오빠가 동생 같다.

똑똑 개념어휘

요약문은 말이나 글의 주요 내용을 정리한 글을 말해요. 요약문을 잘 쓰기 위해서는 먼저 글을 꼼꼼하게 읽어야 해요. 그리고 작가가 하고자 하는 말, 즉 주제를 파악해요. 그럼 다음 주제가 잘 드러나도록 전체 내용을 정리하면 돼요. 되도록 짧은 몇 문장으로 끝내는 게 좋아요.

58 동화

#봄이와_나 #닮아_가는_우리

이모 2

루아

 이모
봄이랑 대화하는 거야?

루아
영상 봤어, 이모?
내가 '야옹' 하면 봄이도 '야옹야옹' 한다!
봄이랑 나랑 완전 잘 통해.

이모
루아랑 봄이랑 서로 동화됐네.

뒤에 보이는 달림도 예쁘다.

루아
달림? 달님 아니야?

이모
맞아. 달님을 소리 나는 대로 쓰면 달림이거든.

이것도 동화, 자음 동화라고 해!

루아
동화가 왜 이렇게 많아.

루아의 마음 일기

내가 야옹 하면 봄이가 "야옹야옹!" 운다. "왜 불러?"라고 말하는 것 같다. 우리는 대화를 하는 것이다. 이럴 땐 내가 고양이가 된 기분이 든다. 이모 말처럼 우리는 서로에게 동화되어 가는 중이 아닐까?

똑똑 개념어휘

동화는 서로 다른 특징이나 양식 등이 같아지는 것을 말해요. 아름다운 자연 안에서 내가 그 일부가 되는 느낌이 들 때, 다른 사람의 감정에 공감할 때 '동화된다'라고 하지요. 국어에서 동화는 문법 용어로 많이 쓰여요. 발음할 때 인접한 두 소리가 닮는 것을 '동화 현상'이라고 해요.

59 함축

#왠지_이상한_예감 #유진이가_설마?

유진 2

유진
자?

루아
응? 무슨 일이야?

유진
혹시 나한테 할 말 없어?

루아
무슨 말?

유진
그냥.
하늘이 너무 어두워서.

루아
하늘이 어두워서 나한테 톡을 한다고?
뭔가 **함축**적인데?

유진
그런가?

루아
응. 무슨 일 있어?

진짜 하늘이 어두워서가 아니라

다른 이유가 있는 것 같아.

유진
아니야. 그냥 말 건 거야…….

루아
정말로 그냥?

유진
그래. 시간이 너무 늦었다. 잘 자!

 루아의 마음 일기

이상하다. 유진이가 늦은 밤에 톡을 하는 일은 거의 없다. 분명 메시지 뒤에 다른 의미가 있다. 혹시 내가 건오 문집에 시를 준 사실을 알았나? 그 생각이 들자 갑자기 심장이 '쿵!' 하고 떨어지는 것 같았다. 근데 그건 아닐 거다. 유진이가 알았다면 화를 냈을 테니까.

 **똑똑 개념어휘**

함축은 문학 속 특정 단어나 표현이 사전적인 의미 말고도 여러 가지 뜻을 담고 있는 것을 말해요. 함축하고 있는 의미를 정확하게 알기 위해서는 글 전체의 맥락을 따져 보아야 해요.

60 목차

#첫_번째는_뭐든_좋아 #유진이에게_고백할_시간

민준, 건오 👤 3

민준
루아야, 우리 문집 **목차** 정했어.

건오
루아 작가님이라고 불러야지!

루아
목차? 책 앞에 나오는 순서 말하는 거야?

건오
응! 그 **목차**!

이루아, 네가 첫 번째야.

이루아 네 글로 우리 문집을 시작하는 거라고.

민준
「고양이 꼬순내」랑 「핑! 핑! 핑! 핑쿠젤리」

둘 다 실을 거야.

루아
흠, 그래?

첫 번째라니까 기분은 좋네.

건오

근데 유진이도 알아?

네 글 우리 문집에 싣는 거.

루아

야! 비밀 지키라고!

건오

채유진 알면 진짜 열받을 텐데.

루아

내일 내가 말할 거야.

 루아의 마음 일기

『진짜 어린이』는 척척 만들어지고 있나 보다. 벌써 목차를 짜고 있구나. 첫 번째로 내 글이 나온다니 기분은 좋다. 그만큼 내 동시가 좋다는 거니까. 그나저나 내일은 진짜 유진이에게 사실을 밝혀야 한다. 만나서 하는 게 좋겠지? 쉬는 시간에 할까? 학교 끝나고? 머리가 터질 것 같다.

똑똑 개념어휘

목차는 목록이나 조항, 책에서의 차례를 말해요. 보통 책을 펴면 앞부분에서 책 내용의 순서를 확인할 수 있어요. 그 옆에는 쪽수도 적혀 있어서 먼저 보고 싶은 내용이 있다면 그 쪽수를 펼쳐 보면 돼요.

비밀은 없다

* 만화 속 올바른 개념어휘를 찾아보아요.

61 독백

#오빠가_이상해 #중얼중얼_오빠의_독백

로운 2

로운
하, 외롭다. 😔

루아야.

이루아!

어디 갔냐?

컵라면 먹을래?

루아
뭐야? 이 문자 폭탄은?

로운
나의 **독백**이야.

루아
여기는 연극 무대가 아니야.

로운
알아.

연극이 아니어도 혼자 말하는 걸

독백이라고 해.

루아
> 오빠 요새 힘들구나?
> 내가 아이스크림 사 줄게.

로운
> 정말? 🙂
> 아이스크림이라니 **독백**하길 잘했네.

루아
> 뭐야, 진짜 힘든 게 아니었어?

루아의 마음 일기

연극 연습을 시작하고 오빠가 이상해졌다. 혼자 분위기를 잡고 있어 보이는 말만 한다. 맨날 '힘들다', '외롭다'라고 하는데 이유를 물어도 대답을 안 한다. 도대체 뭐지? 아빠에게 물어보니, 오빠가 사춘기라서 그렇단다. 오빠가 사춘기?

똑똑 개념어휘

독백은 혼자 하는 말이에요. 듣는 사람을 정해 놓지 않고 혼자서 떠드는 말이지요. 연극에서는 배우가 상대 배우 없이 혼자 떠드는 대사를 독백이라고 해요. 들어 주는 상대 배우는 없지만, 연극을 보러 온 관객은 인물의 독백을 통해 배우의 마음이나 기분을 알 수 있답니다.

62 사건

#사건_발생! #채유진_편집장_그만두다

★ 4-1 친구들 ★ 11

수빈: 대박 사건!

미주: 무슨 사건?

수빈: 채유진, 너 문집 편집장 그만뒀어?

유진: 응. 어제 선생님께 말씀드렸어.

예린: 헉! 유진아 왜!

유진: 나도 모르는 사건이 있었더라.

현호: 뭔데? 뭔 사건?

유진: 이루아랑 송건오한테 물어봐.

건오: 나? 나는 왜?

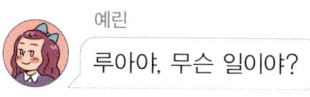

예린
루아야, 무슨 일이야?

루아
음, 그게……

수빈
대체 무슨 일인데?
싸웠어?

루아의 마음 일기

반 단톡방에서 모든 사실을 고백했다. 덕분에 반 아이들도 다 알게 되었다. 내가 유진이를 배신하고 건오네 문집에 시를 낸 사건 말이다. 유진이는 화가 많이 나 보였다. 삼총사인 유진이, 예린이와는 싸우고 싶지 않았는데, 속상하다. 『요즘 어린이』 문집도 여기서 끝인 건가? 다 내 탓 같다. 유진아 제발 날 용서해 줘!

똑똑 개념어휘

사건은 보통 사회에 문제를 일으키거나 주목받을 만한 뜻밖의 일을 말해요. 하지만 문학에서 사건은 등장인물들이 벌이거나 겪는 일들을 말한답니다. 사건이 모여서 이야기를 만들고, 독자는 그 사건이 어떻게 벌어졌는지 혹은 어떻게 해결되는지 궁금해서 이야기를 읽어요. 사건이 흥미진진할수록 재미있는 이야기가 되지요.

63 갈등

#여기저기_갈등_폭발! #티격태격_자매_남매

예린 2

루아
예린아!
우예린! 왜 대답이 없어?
유진이 어때?
화 많이 난 거 같아?

예린
미안. 예지랑 또 싸워서 톡 지금 봤어.

루아
너희는 맨날 **갈등**이네.

예린
휴, 맞아.
매일 예지 때문에 **갈등**을 겪는 중이야.
유진이는 음…….

루아
유진이 왜?
내 이름도 듣기 싫대?

예린
화났다기보다 그냥 실망스럽고 슬픈가 봐.

그러고 보니 너랑 유진이도 **갈등** 중이구나.

루아

그러게.

어떻게 하면 풀 수 있을까?

쉿! 루아의 마음 일기

유진이 걱정에 저녁밥도 조금 먹었다. 오빠는 나더러 웬일이냐면서 내가 좋아하는 돈가스를 다 먹어 버렸다. 그런데도 화가 안 났다. 대신 오빠를 돼지라고 놀리기는 했다. 오빠는 얼굴이 빨개져서 그 말 취소하라고 화를 냈다. 나는 그냥 방으로 와 버렸다. 정말 머리 아픈 하루다. 유진이 일 때문에 생각을 너무 많이 한 나머지 오빠랑 싸울 힘이 없었다. 오늘은 정말 머리 아픈 하루다.

똑똑 개념어휘

갈등은 사람과 사람 또는 집단 사이에 원하는 것이나 이루려는 목표가 달라서 맞서는 것을 말해요. 문학에서는 등장인물끼리 대립하거나, 등장인물과 그를 둘러싼 환경이 부딪치는 것을 갈등이라고 하지요. 문학에서 갈등은 사건을 만들기 때문에 이야기를 이끄는 중요한 요소예요.

64 표준어

#자장면과_짜장면 #표준어는_어려워

시후 👤 2

시후
나 어제 저녁에 짜장 라면 먹었는데.
오늘 학교 급식에 자장면 나왔다!
나 자장면 진짜 좋아하는 거 알지?
너무 좋았어. 😍

루아
퀴즈!
자장면과 짜장면 중 뭐가 표준어일까?

시후
글쎄, 잘 모르겠는데.
표준어가 중요해? 😭

루아
표준어는 나라에서 정한 규칙이야.
웬만하면 규칙을 지켜야지.
빨리 맞춰 봐.
난 맞춤법 공부해서 정답 알아!

시후
잠깐만. 검색해 볼게.

헉! 짜장면과 자장면 둘 다 **표준어**래!

루아
정답!

시후
신기하네. 둘 중 하나는 틀린 말인 줄 알았어.

쉿! 루아의 마음 일기

  시후는 짜장면을 매우 좋아한다. (짜장 라면도 좋아한다.) 아마 내가 아는 애 중에서 시후가 짜장면을 제일 좋아할 거다. 저번에는 한 번에 짜장 라면을 2개나 먹었다. 어떻게 열 살이 짜장 라면을 2개나 먹을 수 있지? 요즘은 길을 가다가 중국 음식점을 발견하면 자동으로 시후 얼굴이 떠오른다. 이게 바로 사랑의 힘?

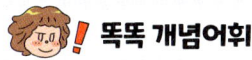

표준어는 한 나라에서 공식적으로 쓰는 말로서, 그 나라 언어의 규범이 돼요. 국어사전에 나와 있는 말들은 모두 이 표준어를 기준으로 하지요. 우리나라에서는 교양 있는 사람들이 두루 쓰는 현대 서울말을 표준어로 정하고 있어요. 원래 표준어가 아니었더라도 사람들이 많이 쓴다면 뒤늦게 표준어가 되기도 한답니다.

65 어조

#유진이가_달라졌다 #말투만_봐도_다_알아

유진 2

루아
내일 학교 끝나고 같이 도서관 갈래?

유진
그래.

루아
도서관 갔다가 편의점도 가자.

유진
응.

루아
유진아.
아직 화 안 풀린 거 맞지?

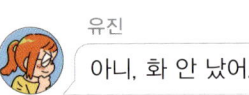
유진
아니, 화 안 났어.

루아
너의 **어조**에서 느껴져.
짧고, 차갑고……
내 말에 대답하기 싫은 것 같아.

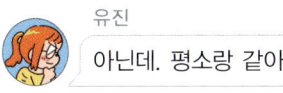

유진
아닌데. 평소랑 같아.

루아
아니야!
평소에 네가 얼마나 다정하게 말하는데!
내가 잘못했어, 유진아. 😢

유진
나 정말 화 안 났어.

쉿! 루아의 마음 일기

유진이는 아니라고 했지만, 분명히 화가 났다. 유진이 톡이 '나 너한테 화났어.'라고 말하는 것 같았다. 학교에서도 말을 걸면 대답을 하긴 하는데 말투가 딱딱하다. 그래서 답답하다. 예린이는 일단 두고 보라고 했다. 어쩌지? 엄마에게 고민 상담을 받아 봐야겠다.

똑똑 개념어휘

어조는 말의 높낮이나 억양을 말해요. 우리는 상대가 하는 내용뿐만 아니라 상대의 목소리와 말투를 통해서도 그가 하는 말의 의미를 이해하게 돼요. 상대가 나를 어떻게 생각하는지도 어조로 미루어 짐작할 수 있지요. 시에서는 화자가 시를 읽을 독자, 또는 시의 대상에 대해 가지는 태도를 어조로써 드러내요.

* 화자는 시에서 말하는 주체, 즉 시 안에서 시인을 대신해서 말하는 사람이에요.

66 갈래

#새로운_갈래를_찾아서 #진짜_편집_회의

민준, 건오 3

건오
이루아 작가님!
네 도움이 필요해.

루아
뭔데! 벌써 시 두 편이나 줬잖아!

민준
시 말고 새로운 게 없을까?

루아
새로운 거?
흠, 문학의 갈래에 또 뭐가 있더라? 🤔

건오
갈래? 문학의 종류를 말하는 거지?
소설, 시 그리고…….

루아
수필이랑 희곡도 있어!

민준
오! 꽤 여러 가지가 있네.

> 루아
> 아니면 문집에 재미있는 기사문을 실으면 어떨까?

> 민준
> 문집에 기사를 실어도 돼?

> 건오
> 안 될 건 뭐야?
> 이민준 기자! 좋은데? 🙂

쉿! 루아의 마음 일기

유진이가 편집장을 그만두면서 『요즘 어린이』는 없어질 위기에 처했다. 그리고 나는 자꾸 건오와 민준이의 편집 회의에 끼고 있다. 나는 너희 문집 동아리 회원이 아니라고! 안 하겠다고 계속 말했지만 이제 자연스럽게 『진짜 어린이』에 의견을 내고 있다. 참 난감하다.

 똑똑 개념어휘

<u>갈래</u>는 문학을 내용이나 형식 기준으로 나눈 뒤, 같은 성격을 가진 것끼리 묶는 것을 말해요.

문학의 갈래는 어떻게 나뉠까?
- 언어의 형태에 따라: 운문 문학 | 산문 문학
- 언어의 전달 방식에 따라: 구비 문학 | 기록 문학
- 표현 양식에 따라: 서정(시) | 서사(소설) | 극(희곡) | 교술(수필)

67 예시

#비밀_선물 #오빠가_좋아하는_것

엄마 2

엄마
다음 주에 로운이 연극 있는 거 알지?

루아
응! 알아.

엄마
그날 로운이에게 선물 주고 싶은데
뭐가 좋을까?
로운이 요즘 뭐 갖고 싶어 하는지 알아?

루아
오빠가 좋아하는 건 뻔하지.

엄마
뭐가 뻔한데?
예시를 들어 봐.

루아
일단 게임!
그리고 요즘은 드론?

엄마
게임은 너무 많이 해서 안 돼.

예시가 그것뿐이야?

루아
아! 요즘 걸 그룹 민트초코에 빠졌어!

민트초코가 광고하는 모자 사 주면 좋아할 거야.

엄마
모자 좋다. 그걸로 결정! 👍

루아의 마음 일기

나도 오빠의 방과 후 연극을 보러 가기로 했다. 그날 아빠는 바빠서 못 간다고 하셨으니까, 엄마랑 나랑…… 어쩌면 외할머니까지 셋이 가겠지. 벌써부터 오빠의 발 연기가 기대된다. 공연 중에 너무 큰소리로 웃으면 안 될 텐데. 오빠가 무대에 등장하는 순간부터 웃음을 참기가 어려울 것 같다. 그래도 나 같은 동생이 어디 있어! 오빠가 좋아하는 것으로 선물도 준비하고.

똑똑 개념어휘

예시는 구체적인 '예'를 들어서 설명한다는 의미예요. 어떤 대상을 설명할 때, 그 대상과 관련 있는 구체적인 사물이나 사례를 드는 방법이지요. 독자도 더 쉽게 대상을 파악하고, 설명을 이해할 수 있어요. 비슷한 말로 예, 보기, 본보기, 사례 등이 있어요.

68 유행어   69 은어

#요즘_어린이에게는_유행어   #어른은_모르는_은어

★ 4-1 친구들 ★   👤 11

미주
어제 내 동생이 태어났는데 엄청 ㄱㅇㅇ!

현호
레알 좋겠다. 부러워.

건오
ㄱㅇㅇ가 뭐야? 유행어야?

루아
ㄱㅇㅇ도 몰라? '귀여워'라는 뜻이잖아.

'귀여워'의 초성만 따서 ㄱㅇㅇ!

민준
야, 강현호! 나 새 게임기 득템했어.

현호
진짜? 내일 너희 집에 가도 돼?

유진
'ㄱㅇㅇ'나 '레알'이나 '득템' 모두 은어 같아.

특정 사람들, 젊은 사람들만 쓰는 말이잖아.

수빈
요즘 인터넷에서 다 쓰던데?

유행어 아니야?

미주
모르는 어른들도 많을 걸? 그러면 은어인가?

루아의 마음 일기

요즘은 말을 줄이거나 일부러 맞춤법을 틀리게 쓴다. 가끔 엄마 아빠는 나랑 오빠가 쓰는 단어를 못 알아들으신다. 우리한테는 다들 쓰는 유행어인데, 엄마 아빠는 그게 은어라고 쓰지 말라고 하신다. 솔직히 그럴 때는 억울한 마음도 든다. 엄마 아빠도 학교 다닐 때 자기들만의 유행어를 쓰지 않았을까?

똑똑 개념어휘

유행어는 짧은 기간 여러 사람 입에 오르내리는 단어 또는 새로운 말을 뜻해요. 주로 재미있는 말이나 풍자성이 있는 말들이 유행어가 되지요. 신기하거나, 가벼운 느낌을 주기도 한답니다. 특정 시대에 유행한 유행어를 살펴보면 당시 상황이나 사람들의 태도 등을 알 수 있어요.

은어는 특정 계층이나 무리의 사람들 사이에서만 쓰이는 말을 뜻해요. 그들 사이에서만 빈번하게 사용되는 말이므로, 다른 사람들은 알아듣지 못해요. 그래서 은어를 잘 모르는 사람들은 불편을 느끼거나 기분이 상할 수도 있지요.

70 취재

#친구들의_반려동물 #첫_번째_주인공은_봄이

민준, 수빈 3

민준
루아야! 내일 너희 집 가도 돼?

수빈
루아, 바로 너를 **취재**하고 싶어.

루아
무슨 **취재**?
나를 **취재**할 게 있어?

수빈
나랑 민준이랑 문집에서 기사 맡았거든.

민준
우리 반 친구들의 반려동물을 **취재**할 거야.
첫 번째 주인공이 봄이야.

루아
우리 봄이? 좋아! 😊

수빈
신난다.
봄이 너무 귀여워. ❤️❤️

민준
우리가 기사 멋지게 써 줄게.
사진도 찍을 거야.

루아
내 얼굴도 나와?

수빈
당연하지!

루아의 마음 일기

민준이와 수빈이가 봄이를 취재하러 우리 집에 왔다. 사진도 찍는다기에 나는 봄이가 더 예뻐 보이도록 목에 파란 리본도 달아 주었다. 수빈이와 민준이는 봄이가 고양이 중에서 제일 귀여운 것 같다며 칭찬해 주었다. 나도 어깨가 으쓱했다. 수빈이는 기자가 꿈이라고 했다. 어떤 기사가 나올지 기대된다.

똑똑 개념어휘

취재는 작품이나 기사에 필요한 자료를 조사하는 것을 말해요. 기자는 자신이 쓸 기사를 위해 현장을 직접 찾아가기도 하고, 개인이나 집단을 만나 정보를 얻지요. 이 과정에서 대화를 주고받는 것을 인터뷰라고 한답니다.

71 사고

#할머니의_선물 #나는_사고하는_어린이

외할머니 2

루아
할머니가 사 준 책 다 읽었어!

외할머니
재미나지?

루아
어, 생각이 막 많아졌어.
생각이 나무의 가지처럼 뻗어 나가.

외할머니
그게 바로 사고가 깊어지는 과정이야.

루아
무슨 사고? 교통사고?
그거 나쁜 거 아니야?

외할머니
사고는 생각을 하고, 또 하면서
분석하고 판단한다는 뜻이야.

루아
어려운 말이다. 그런데 들어본 것 같아.

외할머니
우리 루아는 깊게 **사고**할 줄 아는 어린이지.

루아
맞아. 난 생각이 많아.

 외할머니
참, 다음에 할머니가 상 받은 수필집 가져갈게.

루아
정말? 기대된다.

루아의 마음 일기

외할머니께 책 선물을 받을 때면 가슴이 두근거린다. 나는 만화책이나 글이 조금 들어간 책을 좋아한다. 빨리 읽을 수 있고, 웃기니까! 그런데 외할머니가 주시는 책은 뭔가 다르다. 글이 빽빽하지만 읽는 동안 시간이 금방 가고, 다 읽었는데도 자꾸 생각이 난다. 그게 바로 사고력을 높이는 책인가 보다.

똑똑 개념어휘

사고는 생각하고 궁리한다는 의미예요. 단순히 생각만 하고 마는 게 아니에요. 계속 생각하고 탐구하면서 문제의 해결 방법을 찾거나, 숨겨진 의미를 추리하고, 정보를 분석하고, 판단하는 거예요. 사고력이 높다는 것은 이 능력이 뛰어나다는 뜻이지요. 비슷한 말로 사유가 있어요.

72 서정

#오빠의_이상한_사춘기 #6학년의_괴로움과_슬픔?

♥ 우리 가족 ♥ 4

루아
푸하하! 😂
오빠, 프로필 배경 사진 뭐야?

로운
이거?

아빠
오, 로운이 분위기 있는데?
서정적이야.

엄마: 그러게 뭔가 감성이 느껴져.

루아: 내가 보기엔 그냥 폼 잡는 사진인데?

로운: 6학년의 괴로움과 슬픔이 느껴지지 않니?
하긴. 네가 6학년의 마음을 알 리가 없지.

루아:

쉿! 루아의 마음 일기

요즘 오빠의 톡 프로필 배경 사진이 자주 바뀐다. 거의 오빠의 셀카 사진인데, 볼 때마다 "으악!" 하고 소리를 지르게 된다. 이게 다 연극 때문이다. 오빠가 연기를 하면서 점점 느끼해지고 있다. 사춘기가 이상하게 와 버렸다. 연극이 얼른 끝나야 할 텐데.

서정은 주로 예술 작품에서 작가가 자기 감정이나 마음 상태를 그려 낸 것을 말해요. 시에는 '서정시'라는 갈래가 있어요. 서정시는 개인의 느낌이나 생각 등을 주관적으로 표현한 시를 뜻하지요.

73 방언(사투리)

#재미있는_사투리 #괴기?_귀경?

예린 2

루아
예린아, 아까 왜 전화했어?

예린
응?
아, 예지가 장난쳤나 봐!

루아
아, 난 또. 😅

예린
오늘 할아버지가 오셔서 정신이 없어.
다 같이 괴기 먹으러 갔다 왔어.

루아
괴기?

예린
고기 말하는 거야. **사투리**!
할아버지 서울 귀경도 시켜드렸지.

루아
귀경은 또 뭐야? 구경 아니야?

예린
맞아. 할아버지한테서 **사투리** 좀 배웠거든.

루아
신기하다!

나도 **사투리** 알려 줘!

 예린
그럼 내가 할아버지한테 많이 배워 둬야겠다.

나중에 우리 집에서 **사투리** 공부하자!

루아의 마음 일기

예린이네 할아버지는 지방에 사시는데, 가끔 서울에 오신다. 할아버지가 집에 계시는 날이면 예린이 말투도 달라진다. 할아버지가 쓰는 사투리를 따라서 쓰는 것이다. 나는 예린이 말투가 웃기기도 하고 귀엽기도 하다. 같은 한국말인데 지역마다 조금씩 다를 수도 있다는 게 신기하다. 이참에 나도 예린이에게 사투리를 배워 보려고 한다.

 똑똑 개념어휘

방언(사투리) 은 어느 한 지방에서만 쓰는 말이에요. 한 나라의 국민이 모두 사용하는 언어인 표준어와는 반대되는 개념이지요. 우리나라의 표준어는 서울을 중심으로 쓰이고 있어요. 서울 외 지역은 같은 말이라도 지역마다 조금씩 달라요. 형식을 지켜야 하는 자리에서는 표준어를 쓰는 게 올바르지만, 사투리에는 각 지역의 특징과 역사가 담겨 있어 보존이 필요해요.

74 배경

#남의_일기를_읽는다고? #어느_위인의_일기

★ 4-1 친구들 ★ 👤 11

재하
유진아, 어제 쉬는 시간에 읽던 책 뭐야?

유진
난중일기!

재하
너 볼 때 옆에서 힐끗 봤는데, 재미있어 보여서.

미주
난중일기? 일기를 책으로 만든 거야?

유진
응! 조선을 **배경**으로 하는 일기야.

재하
더 자세한 **배경**을 말하자면
임진왜란이 일어난 조선이지.

루아
오, 누가 쓴 일기인지 알겠다!

민준
내 죽음을 적에게 알리지 말라!

수빈
이순신 장군님이 쓴 일기구나?

유진
배경만 말해 줬는데 다들 알아맞히네?

루아
이순신 장군님은 모르는 사람이 없으니까.
그런데 난중일기가 그렇게 재밌어?

루아의 마음 일기

갑자기 우리 반에 난중일기 바람이 불었다. 이순신 장군님이 쓴 일기라고 하니까 다들 관심을 보이기 시작했다. 이순신 장군님은 거북선을 뚝딱 만들어 왜군을 물리치셨다고 한다. 정말 멋지다! 나도 오늘 어린이를 위한 난중일기 책을 샀다. 얼른 읽어 봐야지.

똑똑 개념어휘

보통 **배경**은 뒤쪽에 있는 경치를 말해요. 문학에서는 주제를 뒷받침하는 시대적·사회적 환경이나 장소를 뜻하지요. 이야기가 진행되는 시간을 시간적 배경, 장소를 공간적 배경, 사회 상황을 시대적 배경이라고 해요. 『난중일기』의 시간적 배경은 1592년부터 1598년까지, 공간적 배경은 조선 일대, 시대적 배경은 전쟁으로 혼란스러운 때랍니다.

75 역설법

#앞뒤가_안_맞아 #그래서_더_감동적인

시후 2

시후
나 지금 이상한 시를 읽었어. 봐 봐.

아아, 님은 갔지마는

나는 님을 보내지 아니하였습니다.

루아
님이 갔는데 안 보냈다고?

시후
응. 앞뒤가 안 맞아.

갔다는 걸까? 아니라는 걸까?

루아
역설법인가 보다!

서로 맞지 않는 말들을 같이 쓰는 게 역설법이니까.

'님'이 화자가 좋아하는 사람인가 봐.

시후
응. 좋아하는 사람이랑 헤어졌나 봐.

루아
그래서 슬픈가 봐.

시후
갑자기 이상한 시가 아니라
슬픈 시처럼 느껴지네.

루아
나도.
이게 바로 역설법의 힘이야!

루아의 마음 일기

시후가 알려 준 시는 한용운 시인의 「님의 침묵」이었다. 옛날에 쓰여진 시라서 어려울 줄 알았는데, 시후랑 찬찬히 읽어 보니 이해가 되었다. 처음에는 반어법과 역설법이 헷갈렸다. 이제는 아주 잘 안다. 반어법은 속마음과 반대로 말해서 강조하는 것! 역설법은 일부러 앞뒤가 맞지 않은 표현을 사용해서 강조하는 것! 갑자기 국어 천재가 된 기분이다.

똑똑 개념어휘

역설은 어떤 주장에 반대되는 이론이나 말이에요. 문학에서 역설법은 겉으로 보기에는 앞뒤가 맞지 않은 단어의 결합, 또는 표현이지만 깊이 읽어 보면 시인이 강조하고자 한 의미가 와닿는 표현 기법을 말하지요. 이육사 시인의 시 「절정」에서 '겨울은 강철로 된 무지개'라는 표현은 당시 일제 침략으로 지금 우리나라는 겨울처럼 춥고 시리지만, 강철로 된 무지개가 떠오르듯 곧 독립을 하겠다는 의지를 담고 있어요.

76 개념

#사고뭉치_예지 #개념_있다_없다

♨ 영원한 삼총사 ♨ 3

예린
지금 우리 집 난리 남!

예지가 엄마 휴대폰으로 게임 머니 충전했대.

루아
헉. 😨 큰일이다.

잘 모르고 그랬나 봐.

예지 어리잖아.

유진
맞아. 아직 돈에 대한 **개념**이 없을 때니까.

예린
아무리 **개념**이 없어도 그렇지,

10만 원은 너무한 거 아니야?

루아
10만 원? 😨

혼나긴 해야겠네.

어쩌다 그렇게 큰돈을…….

유진
그러면서 배우는 거지 뭐.

예린
어휴, 우예지 때문에 못 살아. 😓

루아
우리도 어릴 때 그런 실수 했잖아.

예린
예지는 심해.

쉿! 루아의 마음 일기

사실 우리 집에도 예지 같은 사람이 있었다. 물론 나는 절대 아니다. 나는 착하고 똑똑한 사람이니까. 범인은 이로운이다. 오빠도 게임 머니를 몰래 결제하다가 걸린 적이 있었다. 그러고 보니 오늘 삼총사 톡방에서 오랜만에 수다 떨었네? 조금 어색했지만, 기뻤다. 이야깃거리를 만들어 준 예지에게 고맙다.

똑똑 개념어휘

개념은 어떤 사물이나 현상을 설명하는 일반적인 지식을 말해요. 각기 다른 특징을 가진 사물과 현상에서 공통점을 찾아내 정리한 말이지요. 개념은 저절로 알게 되는 것은 아니고 경험과 배움이 필요해요. 흔히 '개념이 없다'라는 말을 쓰는데, 이것은 그 일을 잘 알지 못하거나 적절한 판단을 하지 못한다는 뜻이에요.

77 비극　78 희극

#고양이_학대_사건　#해피_엔딩이라_다행이야

이모 2

루아
이모 지난주에 뉴스 봤어?
누가 새끼 고양이를 괴롭혔대.

이모
봤어! 정말 나쁜 사람이야.

루아
고양이가 불쌍해.
아직 어린 고양이인데, 이런 **비극**을 겪다니.

이모
그러게.
그래도 다행히 범인이 잡혔다나 봐.

루아
정말?

이모
응. 사람들한테 들켜서 도망가다가 넘어졌대.
그 광경이 얼마나 우습던지.
희극이 따로 없었다더라.

루아
> 그런 나쁜 사람은 꼭 벌 받아야 해.

이모
> 그리고 새끼 고양이도
> 좋은 주인에게 입양 갔대.

루아
> 와, 진짜 다행이다! 😊

쉿! 루아의 마음 일기

오늘 이모랑 고양이 학대 사건에 관해 한참 톡을 나눴다. 화가 났었는데, 범인도 잡히고 고양이도 좋은 곳에 입양 갔다고 하니 조금 누그러졌다. 마침 봄이가 다가와서 "야옹!" 하고 울었다. 무슨 일이냐고 묻는 것 같았다. 나는 봄이를 가만히 안아 주면서 "괜찮아." 하고 말했다. 세상에는 나쁜 사람이 많지만, 좋은 사람도 참 많다.

똑똑 개념어휘

비극과 희극은 연극 등의 극 형식을 일컫는 말이에요. 비극은 주인공이 바라던 바를 이루지 못하거나 죽는 등의 힘든 일을 겪으며 불행하게 끝나는 극을 뜻하고, 희극은 인간 사회의 문제와 부조리를 경쾌하고 유머러스하게 풀어낸 극을 뜻하지요. 우스꽝스러운 상황을 연출해 관객을 웃게 만들지만, 웃음 뒤의 진실을 생각하게끔 하는 거예요. 현실에서는 슬프고 안타까운 일을 당해 불행한 경우를 비극, 우스꽝스러운 사건을 희극이라고 하기도 해요.

79 인용

#좋은_친구란 #멋진_말_한_마디

엄마 2

엄마
루아야, 엄마가 식탁 위에 돈 두고 갈게.
오늘 엄마 늦는데,
유진이랑 예린이 불러서 피자 시켜 먹어.

루아
유진이가 온다고 할까?
우리 또 서먹해졌어.

엄마
엄마가 우정에 관한 명언을
인용해서 조언해 줄까?

루아
인용?
다른 사람의 말이나 글을 가지고 와서
조언해 준다는 거지?

엄마
응. 가장 좋은 친구는 기다려 주는 친구이다.
어때? 무슨 의미인지 알겠어?

루아
유진이 마음이 풀릴 때까지 기다려라?

엄마
맞아. 유진이를 더 기다려 주자.

루아
그럼 나도 인용 하나 할게.

우리 엄마는 최고의 친구다!

아, 이건 인용 아니다. 내가 만든 말! 🙂

쉿! 루아의 마음 일기

엄마랑 톡을 하고 난 뒤, 마음이 좀 편해졌다. 유진이는 지금 많이 속상할 테니, 나도 그런 유진이에게 천천히 다가가야겠다. 나는 유진이의 최고 좋은 친구니까! 그리고 이따가 선생님에게 물어봐야지. 유진이가 정말 편집장을 그만두었는지를 말이다. 이대로 『요즘 어린이』 문집을 끝낼 수는 없다.

똑똑 개념어휘

인용은 다른 사람이 한 말이나 쓴 글을 나의 말과 글에 끌어다 쓰는 거예요. 평소 인상적으로 보았던 구절, 또는 위인의 명언을 같이 언급하면서 설득력을 높이는 것이지요. 인용에는 직접 인용과 간접 인용이 있어요. 다른 사람의 말과 글을 그대로 끌어오는 것을 직접 인용, 자신의 말로 바꾸어 표현하는 것을 간접 인용이라고 해요.

80 타당성

#선생님과_비밀_톡 #유진이의_요즘_어린이

선생님 2

루아
> 선생님, 저 궁금한 게 있어요.

선생님
그래, 루아야. 궁금한 게 뭐니?

루아
> 유진이가 이번에 편집장 그만뒀잖아요.
> 선생님도 그러라고 하셨어요?

선생님
아니. 선생님은 그게 **타당성** 없는 일이라 생각했어.

루아
> **타당성**이요?

선생님
응. 유진이가 편집장을 그만두는 게
정말 옳은 일인지 고민했다는 뜻이야.
선생님은 유진이가 문집 만드는 일에
딱 맞는 학생이라고 생각했거든.

루아

저도 그렇게 생각해요.

유진이가 그만둬서 속상해요.

사실…… 다 저 때문이거든요.

선생님

루아 때문이라고?

루아야, 학교 끝나고

선생님이랑 이야기 좀 할래?

쉿! 루아의 마음 일기

나는 학교 끝나고 선생님에게 갔다. 선생님은 나에게 유진이가 만들다 만 문집을 보여 주셨다. 처음에는 선생님이 '이걸 왜 보여 주시는 걸까?' 이해가 되지 않았다. 그런데 문집을 읽어 보고 울컥했다. 유진이가 너무나 꼼꼼하고 정성스럽게 만들어 둔 것이다. 그래서 나는 결심했다!

 똑똑 개념어휘

타당성은 이치에 어긋나지 않는 바람직한 성질을 말해요. 어떤 주장이나 일을 판단할 때, 충분히 그럴 만하다고 생각되면 '타당하다'라고 해요. 타당성이 있는 주장이란 그 근거가 객관적이고 신뢰할 만해서 다른 사람을 설득할 수 있는 의견인 것이지요.

몰랐던 너의 진심!

* 만화 속 올바른 개념어휘를 찾아보아요.

81 안내문

#움직이지_않는_엘리베이터 #안내문의_중요성

민준 2

민준
이루아! 왜 안 내려와?
너희 집 앞이야.

루아
엘리베이터가 안 돼.
자전거 들고 내려가야 하는데!

민준
헉, 엘리베이터가 안 된다고?
엘리베이터 문에 **안내문** 같은 거 안 붙어 있어?

루아
안내문이 있었나?
기억이 안 나네.

민준
여기 너희 집 앞에 **안내문** 있다!
오늘 엘리베이터 점검이라 운행을 안 한대.
저녁 늦게나 점검이 끝나나 봐.

루아

으악! 우리 집은 9층인데! 😰

민준

그러니까 **안내문**을 잘 확인했어야지.

그냥 자전거 두고 너만 내려와.

내 자전거 뒤에 타.

쉿! 루아의 마음 일기

  원래는 오늘 민준이랑 자전거를 타고 놀기로 했었다. 그런데 우리 집 엘리베이터가 점검 중일 줄이야. 결국 나는 계단으로 내려갔다. 1층에 도착하니, 민준이 말대로 안내문이 떡하니 붙어 있었다. 자전거 없이 놀게 된 것은 아쉬웠지만, 그래도 민준이가 자기 자전거 뒷자리에 태워 줘서 편하고 좋았다. 민준아 고생 많았어!

똑똑 개념어휘

안내문은 어떤 내용이나 정보를 소개하고 알려 주는 글이에요. 예를 들어 박물관을 소개하는 안내 책자에는 몇 시부터 몇 시까지 운영하는지, 언제 운영을 쉬는지, 입장권은 얼마인지 등이 적혀 있어요. 학교 게시판에도 학교 생활에 관한 안내문이 붙은 것을 볼 수 있지요. 안내문은 대체로 짧은 문장으로 적혀 있어서 필요한 정보를 빠르게 파악할 수 있어요. 어딜 가든 안내문을 꼭 살펴보도록 해요.

82 감상

#독서_감상문_쓰기 #재미있다_한_줄로_끝?

★ 4-1 친구들 ★ 👤 11

수빈
다들 독서 감상문 잘 쓰고 있어?

현호
책은 다 읽었는데, 감상문은 아직.
뭐라고 써야 할지 모르겠어.

유진
책 내용에 대한 네 **감상**을 쓰면 돼.

민준
'재미있다.' 이것도 **감상**인가?

재하
감상은 네가 느낀 감정이나 생각을 말하는 거니까,
그것도 **감상** 맞지.

현호
으. 머리야!
그렇다고 '재미있다.' 한 줄만 쓸 순 없잖아.

예린
나도 숙제하기 싫다.

민준
이상해. 영화는 보고 나면 할 말이 엄청 많은데!

루아
난 아직 책도 못 정했어. 😢

수빈
얼른 정해!
다음 주에 감상문 내야 한다고.

쉿! 루아의 마음 일기

　책 읽고 감상문 쓰는 숙제를 받았다. 다른 애들은 벌써 감상문 쓸 고민을 하고 있는데, 나는 아직 책도 못 정했다. 요즘 나 혼자서 『요즘 어린이』 문집을 만드느라 정신이 없기 때문이다. 힘들긴 하지만 신난다. 선생님과 나만 아는 비밀이 생겨서 그런가? 유진이가 쓴 동화를 첫 글로 싣기로 했다. 가장 좋은 글은 처음에 넣어야 하니까!

 ! 똑똑 개념어휘

　감상은 예술 작품을 보고 느낀 감정을 말해요. 책과 영화, 그림과 같은 예술 작품을 보면서 작품이 주는 메시지를 이해하고 작품이 좋은지 나쁜지를 판단하는 것이지요. 자신의 감상을 글로 정리한 것을 '감상문'이라고 해요. 같은 작품을 보더라도 사람마다 느끼는 것이 다 다르기 때문에 감상이 똑같을 수는 없어요. 그러니까 나의 감상에 용기와 자신감을 가지고 열심히 감상문을 써 보도록 해요.

83 정의

#나에게_오빠란? #조금_다른_오빠의_정의

♥ 우리 가족 ♥ 4

로운
엄마! 루아가 또 내 이름 막 불러!

엄마
루아야, 로운이는 오빠잖아.

로운
맞아!
너 '오빠'라는 말의 **정의**를 모르는 거 아냐?

루아
오빠가 정의롭지 않다는 건 알지.

아빠
그 정의 말고, 이 **정의(定義)**!
오빠라는 뜻을 잘 알고 있는지 묻는 거야.

루아
알지. 오빠는 나보다
나이 많은 남자 형제다!

엄마
우리 루아 똑똑하네.

루아
> 그런데 이로운의 정의는 달라.

> 이로운은 놀렸을 때 반응이 재미있는 오빠다!

 로운
> 그게 무슨 정의야!

> 엉망진창이네! 😡

루아
> 🐱

쉿! 루아의 마음 일기

오빠를 놀리는 건 너무 재미있다. 요즘 오빠가 사춘기라고 자꾸 멋을 부리는데, 그래서 더 놀리고 싶다. 나도 내가 이로운을 오빠라고 불러야 한다는 건 잘 알고 있다. 하지만 가끔 나도 모르게 "이로운!" 하고 말이 나온다. 엄마 아빠가 그러지 말라고 하시니 나도 노력은 해 보겠지만 잘 될지는 모르겠다. 이로운 메롱!

똑똑 개념어휘

정의는 어떤 말이나 사물의 뜻을 명확하게 밝혀서 정한 것을 말해요. '가방은 물건을 넣을 수 있는 주머니다.'처럼 '무엇은 무엇이다'의 문장 형태로 설명하지요. 잘 모르거나 처음 보는 대상이라도 그것의 정의를 알면 무엇인지 금방 이해할 수 있어요.

84 자료

#당신의_스마트폰_이용_시간은? #내가_스마트폰_중독자?

★ 4-1 친구들 ★ 👤 11

수빈
어제 선생님이 나눠 주셨던 설문지 다 냈지?

루아
스마트폰 중독 테스트?

민준
그런 건 왜 하는 거야?

건오
자료를 모으는 거지.

현호
자료? 무슨 **자료**?

민준
그러게. 그런 걸 왜 모아?

유진
자료는 연구나 조사에 필요한 재료를 말해.

미주
그럼 우리가 한 설문을 스마트폰 중독 연구에 쓰는 건가?

> 루아
> 아마 그렇겠지?
> 그러니까 신중하게 해야지.

유진
교과서에 나오는 사진이나 그래프 있잖아.
그런 게 바로 **자료**야.

쉿! 루아의 마음 일기

어제 선생님이 스마트폰에 중독되었는지 알아보는 설문지를 나눠 주셨다. 설문을 끝낸 우리 반 아이들 표정이 심각했다. "나 스마트폰 중독인가 봐!" 하고 외치기도 했다. 나도 스마트폰을 아주 많이 사용한다. 톡도 하고, 인터넷도 하고, 영상도 보고. 스마트폰에 중독되지 않으려면 그런 것들이 재미가 없어야 할 텐데. 스마트폰에는 재미있는 게 너무 많아서 문제다.

 똑똑 개념어휘

자료는 연구나 조사를 하는 데 바탕이 되는 재료를 말해요. 자료를 활용하면 자신이 하고자 하는 말의 의도나, 사물의 특징을 더 잘 전할 수 있어요. 어떤 사물이나 현상을 설명한다고 생각해 봐요. 일단 그것을 실제로 보는 게 가장 효과적일 거예요. 이것을 실물 자료라고 해요. 그다음으로는 사진과 그림 자료가 있어요. 숫자로 된 정보를 도표나 그래프 자료로 표현하기도 해요.

85 부정　86 긍정

#표정_부자_봄이 #봄이의_긍정과_부정

시후 👤 4

루아
그거 알아? 봄이한테도 표정이 있어.

시후
음, 좋다는 것 같은데? **긍정**의 표정 같아!

루아
맞아! 이것도 봐 봐.

시후
이건 싫다는 표정 같아.
신기하다.
봄이는 긍정과 부정을 다 표현할 줄 아네.

루아
응. 봄이는 표현을 잘하는 고양이야.
그리고 내 앞에서는
싫다고 할 때보다 좋다고 할 때가 더 많아.

시후
긍정적인 고양인가 보네. 🙂

루아의 마음 일기

봄이는 표정 부자다. 좋고 싫은 것도 바로바로 표현한다. 그런 면에서 나랑 성격이 비슷한 것 같다. 그래서 우리가 잘 통하는 건가. 봄이의 감정을 가장 빨리 알아차리는 사람도 바로 나다.

똑똑 개념어휘

긍정은 어떤 주장이나 대상에 대해 그러하다고 생각하여 옳다고 인정하는 것을 말해요. 우리가 고개를 끄덕이는 행동은 긍정의 의미로 해석되곤 하지요. 비슷한 말로 '동의', '수긍'이 있어요. 반대로 부정은 그렇지 않다고 생각하여 반대하는 것이에요. 부정의 의미로 고개를 가로젓지요. 긍정과 부정에는 '바람직하다', '바람직하지 못하다'라는 뜻도 있어요.

87 저작권

#의외의_건오 #나의_글은_내_것이니까!

민준, 건오 3

건오
문집 마지막 장에 이렇게 쓸 건데 봐 줄래?

루아
뭐라고 쓸 건데?

건오
이 문집에 있는 글의 **저작권**은 모두 작가에게 있습니다.
함부로 가져다 쓰지 마세요.

민준
멋진데? **저작권**이 뭐야?

루아
저작권은 작가가
자기 작품에 대해서 갖는 권리를 말해.

건오
응, 맞아.
이 문집에 실린 글을 자기가 쓴 것처럼 베끼거나
그대로 가져다가 다른 책을 만들면 안 된다는 거야.

루아
> 그걸 쓴 작가에게 물어보고 허락을 받아야지.

민준
> 오오, 송건오 멋있는데?
> 저작권은 어떻게 알았어?

건오
> 그 정도는 기본이지.

루아의 마음 일기

가끔 건오에게 깜짝 놀랄 때가 있다. 남들은 생각하지 못한 부분까지 생각하고, 옳은 일을 실천하기 위해 노력한다. 입바른 소리도 잘 하고. 그래서 처음에 전학 왔을 때 나랑 그렇게 싸웠나 보다. 『진짜 어린이』는 척척 잘 만들어지고 있다. 다른 친구들에게는 비밀이지만, 『요즘 어린이』도 내가 만들고 있다.

똑똑 개념어휘

저작권은 창작물을 만든 사람에게 주어지는 권리예요. 이 사람을 저작자라고 해요. 저작자는 자기가 만든 작품에 대해서 저작권을 가지고 다른 사람이 함부로 자기 작품을 사용하지 못하도록 하는 거예요. 대개는 저작자가 죽은 후 70년까지 저작권이 유지돼요. 인터넷에서도 저작권은 적용돼요. 인터넷 자료를 그대로 베끼거나, 노래와 영화 등을 불법으로 공유할 때, 다른 사람이 그린 글과 그림 등을 마음대로 사용할 때 저작권을 침해하게 되는 것이지요.

88 높임말

#할아버지가_아빠한테_높임말을? #어려운_높임말의_세계

♨ 영원한 삼총사 ♨ 👤 3

예린
우리 할아버지 이상하셔.

루아
왜?

예린
우리 아빠한테 **높임말**을 써.

아빠는 할아버지의 아들이잖아.

그런데 할아버지가 아빠한테

'아드님 진지 드셨나?' 이런다니까.

유진
할아버지가 아빠를 좋아하시나 보다.

루아
맞아. 가끔 우리 아빠도 나한테 따님이라고 불러.

유진
'님'을 붙이면 왠지 높여 주는 느낌이지.

루아
우리도 서로 **높임말** 쓸까? 친구님?

예린
친구님, 저녁 진지 드시러 갈까요?

유진
네, 친구님, 진지 먹고 올게요. 😂

루아
뭐야, 웃기다. 😂

진지는 **높임말**이라

항상 진지 잡수세요라고 썼는데,

진지 먹는다고 하니까 이상하고 웃겨.

쉿! 루아의 마음 일기

나는 높임말은 나보다 나이 든 사람에게만 쓰는 말이라고 생각했다. 그런데 나와 나이가 같거나 어려도 높임말을 쓸 수 있다니 재미있다. 오빠한테 가서 이제부터 나를 '동생님'이라 부르라고 했다. 물론 오빠는 싫다며 짜증을 냈는데, 그 모습이 웃겨서 또 한참 웃었다.

똑똑 개념어휘

높임말은 사람이나 사물을 높여서 이르는 말이에요. 아버님, 선생님, 따님처럼 '님' 자를 붙이기도 하고, 행동을 나타내는 말에 '시'를 붙여서 '하셨다', '가셨다' 등의 표현을 쓰기도 하면서 상대를 높이는 것이지요. 아예 형태가 달라지는 높임말도 있어요. '진지(밥)', '뵙다(만나다)', '여쭙다(물어보다)' 등이 대표적이에요. 비슷한 말로 '존댓말'이 있어요.

89 기사문

#친구들의_반려동물 #어린이_기자_박수빈입니다

수빈 2

루아
봄이 인터뷰 기사문은 잘 되어 가?

 수빈
아! 그거?
민준이 바쁘다고 해서 내가 혼자 다 썼어.
제목은 '친구들의 반려동물을 알아보자!'

루아
좋은데?
그 기사문 안에 우리 봄이 얘기도 있는 거지?

 수빈
응! 봄이 얘기로 시작하는 기사문이야.
반려동물은 키우는 게 아니라 함께 사는 가족이다.
내가 쓴 기사문에서 제일 좋아하는 문장이야.

루아
박수빈 기자 제법인데?
정말 멋진 말이야.

수빈
나 장래 희망 바꿀까 봐.

기자가 마음에 들어.

내가 쓴 기사문도 마음에 들고! 😊

루아

내가 봐도 너 기자 잘 할 것 같아.

쉿! 루아의 마음 일기

가끔 뉴스를 보면 기자들이 나와서 자신이 취재한 내용을 말해 준다. 그게 아주 똑똑하고 씩씩해 보였다. 수빈이랑 잘 어울린달까. 앞으로 인공지능이 기사문을 쓰게 될지도 모른다는 이야기를 들었다. 하지만 수빈이가 쓴 반려동물 기사를 보면, 인공지능은 수빈이만큼 해낼 수 없을 것 같다.

똑똑 개념어휘

기사문은 사실을 그대로 적은 글이에요. 취재나 자료 조사를 통해 보고 들은 사실을 적는 것이지요. 기사문은 주로 신문이나 잡지 등에 실려요.

기사문은 이렇게 써야 해!

- 사람들에게 알릴 만한 가치가 있는 사실일 것
- 육하원칙에 맞추어 사실을 정확하고 자세하게 쓸 것
- 어느 한편에 치우치지 않도록 객관적이고 공정하게 쓸 것
- 누구나 이해할 수 있도록 짧은 문장으로 간결하게 쓸 것

* 공정은 공평하고 올바르다는 뜻이에요.

90 의성어

#오빠의_연극이_시작되다 #저게_대사라고?

♥ 우리 가족 ♥ 👤 4

엄마
오늘 로운이 연극 너무 재미있었어. 😊

아빠
아빠는 못 가서 미안.

루아
나도 재미있었어!
그런데 오빠 대사가 뭐였어?
휘이잉, 쌩쌩?

로운
휘이이잉이야.
아주 중요한 대사였지.

루아
나무에 스치는 바람 소리 흉내 낸 의성어가 대사야?

엄마
로운이 바람 소리 아주 실감났어.

루아
대사가 고작 의성어라니. 😏

로운
비웃지 마. 그것도 아주 힘들게 연습했다고!

아빠
로운이 연극 어땠는지 엄청 궁금하네.

엄마
내가 동영상 찍어 왔어. 내일 저녁에 같이 봐요.

루아의 마음 일기

드디어 오빠의 연극을 보고 왔다. 연극은 재미있었다. 그런데 도무지 오빠의 얼굴을 볼 수가 없었다. 알고 보니 오빠는 무대 구석에서 나무 옷을 입고 있었고, 대사는 바람 소리가 전부였단다. 세상에. 엄마는 나무 중 오빠가 제일 잘했다고 칭찬했다. 오빠는 어깨를 으쓱하며 좋아했다.

똑똑 개념어휘

의성어는 사람이나 사물의 소리를 흉내 낸 말이에요. 강아지가 짖는 소리를 "멍멍" 또는 "왈왈", 접시 깨지는 소리를 "쨍그랑", 파도치는 소리를 "철썩철썩" 등으로 표현한 것을 의성어라고 하지요. 비슷한 말로 의태어가 있어요. 의태어는 사람이나 사물의 모양을 흉내 낸 말이에요. 토끼가 뛰는 모양을 "깡충깡충"이라고 표현하는 것처럼요.

91 편지

#우정_편지 #유진이를_위해_준비한_것들

예린 2

예린
이루아 요즘 왜 이렇게 바빠?

나 몰래 뭐 해?

루아
비밀이야. 곧 알게 돼.

예린
우리 사이에 무슨 비밀이냐? 얼른 말해.

루아
일단 오늘은 편지를 써야 해.

예린
누구한테 편지를 써?

루아
유진이. 유진이랑 싸운 건 아니지만…….

유진이가 나 때문에 문집도 그만뒀잖아.

예린
아니야. 유진이는 송건오가 따로 문집을 만들어서 더 속상했던 거야.

루아

그래도 유진이한테 마음을 표현해야 할 것 같아.

편지도 쓰고, 유진이를 위한 이벤트를 하나 더 준비하고 있어.

 예린

흠, 알겠어. 그런데 말이야…….

나도 편지 좋아해. 나한테도 좀 써.

루아

알았어. 😊

 루아의 마음 일기

요즘 문집을 마무리하느라 바쁘다. 선생님이 많이 도와주셔서 다행이다. 내가 『요즘 어린이』 문집을 만들고 있는 건 여전히 선생님과 나만의 비밀이다. 유진이가 문집을 좋아해 주었으면 좋겠다. 문집 마지막 장에는 유진이에게 보내는 편지를 넣으려고 한다.

 똑똑 개념어휘

편지는 상대에게 안부나 소식 등을 적어 보내는 글이에요.

편지에는 이런 내용이 들어가!

① 받는 사람의 이름 ② 첫인사 ③ 하고 싶은 말(편지를 쓴 목적) ④ 끝인사
⑤ 편지를 쓴 날짜와 보내는 사람의 이름

92 띄어쓰기

#갑자기_퀴즈_타임 #띄어쓰기가_중요한_이유

외할머니 2

루아
할머니! 내가 퀴즈 하나 낼게.
맞혀 봐.

외할머니
좋아. 준비되었어.

루아
'할머니가방에들어간다.' 무슨 뜻이게?

외할머니
오잉? **띄어쓰기**가 안 되어 있네? 😅

루아
응. 그래서 어렵지? 모르겠지?

외할머니
어디 한번 두 가지 뜻으로 **띄어쓰기**를 해 볼까?
할머니가 방에 들어간다.
할머니 가방에 들어간다.

루아
오오, 둘 다 정답! 👏

외할머니
이제 무슨 뜻인지 알겠지?

띄어쓰기가 정말 중요해.

루아
나도 알지!

나 평소에는 **띄어쓰기** 잘 지켜.

 루아의 마음 일기

한글은 맞춤법도 어렵지만, 띄어쓰기도 어렵다. 띄어쓰기가 맞춤법보다 10배 정도 더 어려운 것도 같다. 하지만 외할머니한테 띄어쓰기를 배운다면 나는 금방 익혀서 맞춤법에 이은 띄어쓰기 천재가 될 수 있을 것이다. 외할머니는 예전에 국어 선생님이었으니까. 지금은 이루아의 국어 선생님!

 **똑똑 개념어휘**

글을 쓸 때 말과 글의 규범에 따라 어떤 말을 앞말과 띄어 쓰는 것을 **띄어쓰기**라고 해요. 어떻게 띄어 쓰느냐에 따라 문장 뜻도 달라질 수 있으니, 띄어쓰기는 매우 중요하답니다.

※ **몇 가지 띄어쓰기 규칙 알아보기!**

- 낱말과 낱말은 띄어 써요.
- '은, 는, 이, 가, 을, 를, 이다' 등과 같은 조사는 앞말과 붙여 써요.
- '한 개', '두 조각' 등 수를 나타내는 말과 단위를 나타내는 말은 띄어 써요.

93 반론

#반항이냐_반론이냐 #오빠가_캠핑을_싫어한다고?

♥ 우리 가족 ♥ 👤 4

아빠
이번 주 토요일에 뭐 할까?

루아
캠핑 가자! 😄
캠핑 하면 스트레스가 확 날아가잖아.

로운
이루아 의견에 **반론**을 제기할게.
나는 캠핑이 더 스트레스야.

엄마
왜? 😮

로운
딱딱한 데서 자는 거 불편해.
벌레도 많고.

루아
그럼 거실에 텐트 치는 건 어때?

로운
거실에 비해 텐트가 커서 정신 사나워.

엄마
로운이 싫은 건 싫다고
솔직하게 말해 줘서 좋아.

루아
쳇. 내가 무슨 말만 하면 **반론**만 제기하는데.

로운
어쨌든 캠핑은 싫어.

루아의 마음 일기

예전에 오빠는 우리 가족이 어디를 가든, 무엇을 먹자고 하든 그냥 따라왔다. 나는 오빠도 그걸 좋아하는 줄 알았다. 그런데 아니었다. 오빠는 캠핑 가서 자는 것도 불편하고 벌레도 신경 쓰인다고 했다. 그렇게 싫어하는 캠핑인데, 그동안 가족을 위해서 따라와 주었다는 것을 알고 조금 놀랐다. 결국 이번 캠핑은 아빠와 나 단둘이 가기로 했다. 난 그것도 좋다.

 똑똑 개념어휘

반론은 다른 사람의 주장에 대하여 반대되는 의견을 제시하는 것을 말해요. 상대가 제시한 근거에 오류나 문제는 없는지 따져 보고 반대 의견을 제시하는 것이지요. 그래서 반론에도 논리적이고 완전한 근거가 필요해요. '반론을 제기하다.' 혹은 '반론을 펼치다'라고 표현해요.

94 유의어   95 반의어

#밤중에_톡으로_꽁냥꽁냥   #산울림의_유의어는?

시후 2

시후
루아야, 캠핑 잘 다녀왔어?
캠핑하면서 그거 했어?

루아
어떤 거? 불 피우기? 고기 굽기?

시후
산울림 만드는 거.
산울림의 **유의어**가 있었는데, 생각이 안 나.

루아
산울림의 **유의어**라…… 비슷한 뜻을 가진 말?
아, 메아리! 맞지?

시후
맞아. 와, 이루아 **유의어**의 뜻도 정확히 알고 제법인데?
그럼 **반의어**의 뜻도 맞춰 봐!

루아
반의어는 뜻이 반대되는 말이지.
내가 '오다' 하면, 네가……

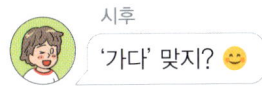

시후
'가다' 맞지? 🙂

루아의 마음 일기

매일 밤 시후와 톡을 한다. 솔직히 별 이야기 나누지 않는다. 오늘 학교 급식 메뉴가 무엇이었는지, 숙제가 얼마나 어려웠는지, 우리 반 누구랑 누가 싸웠는지, 하는 그런 말들이다. 웹툰 이야기를 할 때도 있고 말장난도 한다. 오늘은 내가 얼마나 똑똑한지 시후에게 보여 주었다. 유의어, 반의어의 뜻을 1초 만에 생각해 낼 줄은 나도 몰랐다.

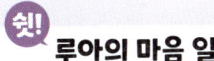 **똑똑 개념어휘**

유의어는 뜻이 비슷하거나 거의 같은 단어를 말해요. '사람과 인간', '나이와 연세' 등이 있지요. 반의어는 뜻이 반대되는 단어예요. '남자와 여자', '낮과 밤', '위와 아래' 등이 있어요.

※ 의미에 따른 단어들끼리의 관계 정리하기!

- **유의어**: 비슷한 뜻을 가진 단어들
- **반의어**: 반대되는 뜻을 가진 단어들

- **다의어**: 여러 가지 뜻을 가진 단어
- **동음이의어**: 소리는 같지만 뜻은 다른 단어들

- **상위어**: 일반적이고 넓은 뜻을 가진 단어
- **하위어**: 자세하고 좁은 뜻을 가진 단어

96 어원

#고양이에_관한_모든_것 #살쾡이와_괭이

이모 👤 2

이모

괭이는 잘 지내지?

루아
괭이가 누구야?
설마…… 고양이?

이모

응. 고양이의 어원이 뭔지 알아?

루아
어원? 고양이라는 말이 어디서 왔느냐고?
글쎄…….

이모

옛날에 우리나라에 살쾡이라는 동물이 살았대.
그 동물이 커다란 고양이처럼 생겼었거든.

루아
아아! 살쾡이랑 닮아서 발음이 비슷한 괭이,
괭이에서 다시 고양이가 된 거구나?

이모
응. 그래서 옛날에는 고양이를 괭이,
또 괴라고도 했어.
고양이처럼 모든 단어에는 어원이 있어!

루아
신기하다.
우리 봄이가 옛날에는 괭이라고 불렸다니.

루아의 마음 일기

 오늘도 나는 우리 괭이 봄이랑 같이 자기로 했다. 평소에 봄이는 내 방에서 자다가도 거실로 나가서 자고, 다시 안방으로 들어가 자기도 한다. 여기저기 돌아다니면서 자는 것이다. 밤에 돌아다니면 피곤하지 않을까? 내가 학교에 있는 시간에 낮잠을 자는 걸까? "봄아!" 하고 이름을 부르다가 궁금해졌다. '봄'의 어원은 뭘까?

 똑똑 개념어휘

어원은 어떤 말의 근원을 뜻해요. 다시 말해 어떤 말이 시작된 뿌리나 원인인 것이지요. 단어가 처음 생겨났을 때의 모양도 어원이라고 해요. 우리가 쓰는 단어 대부분은 처음 생겨났을 때부터 지금까지 천천히 변화해 왔어요. 우리나라의 대표 음식 김치! 김치의 어원은 '딤채'로, 이것이 '짐츼'에서 지금의 '김치'로 변화한 것이라고 해요.

97 제재

#오빠가_늦게_온_날 #오빠의_절친

로운 2

루아
오빠 어디야?

로운
나 윤오네서 숙제 중!

루아
무슨 숙젠데! 저녁 먹고 와?

로운
응. 윤오네서 밥도 먹었어.
그림 그리기 숙제야.
바빠!

루아
그림 그리기?
제재가 뭔데?

로운
제재? 아, 그림의 중심 소재가 뭐냐고?
학교 생활!
나 지금 바빠, 톡 그만 보내.

루아

알았어.

엄마 아빠한테는

오빠 저녁 먹고 온다고 말할게.

루아의 마음 일기

오빠는 오늘 저녁 먹을 시간이 다 되도록 집에 오지 않았다. 톡을 보냈더니, 친구 집에서 숙제하느라 저녁도 거기서 먹었단다. 오빠에게는 최근에 절친이 생겼다. 그 친구 이름은 송윤오. 오빠 친구지만 어쩐지 많이 들어본 것 같은 이름. 바로 송건오의 형이다. 윤오 오빠가 우리 집에 놀러 온 적이 있었는데, 송건오와는 다르게 조용하고 멋있었다. 건오는 자기 형을 하나도 안 닮은 것 같다. 그러고 보니 나랑 오빠도 하나도 안 닮았네!

똑똑 개념어휘

예술 작품이나 연구에 쓰이는 중심 소재를 제재라고 해요. 예술 작품에서 제재는 작가가 말하고자 하는 바를 효과적으로 드러내기 위해 선택한 재료로, 문학에서는 글감이라고도 해요. 제재는 글의 주제와도 관련이 깊어서 제재를 글의 제목으로 삼기도 해요.

98 대조

#쪽지의_범인을_찾아라! #글씨체가_증거?

★ 4-1 친구들 ★ 11

건오
누구야! 😠
누가 내 책상 서랍에 '나 좀 그만 좋아해'
쪽지 넣어 놨어?

재하
흠, 누굴까? 🤔

미주
나는 알 것도 같은데?

건오
누가 그랬는지 내가 우리 반 애들 글씨체랑
쪽지랑 다 **대조**해 볼 거야.

유진
그렇게 해서 범인을 찾으면?

미주
이제 안 좋아할 거야?

루아
푸하하! 😂

건오
두고 봐! 범인 꼭 찾는다!

루아
범인 찾으면 어떻게 할 건데?
그런데 건오 너, 범인 정말 몰라?
애들 다 알고 있는 거 같은데?

 루아의 마음 일기

송건오에게 '나 좀 그만 좋아해'라고 쪽지를 써서 보낼 사람은 한 명뿐이다. 박수빈. 우리 반 아이들 모두 알고 있는데, 송건오만 모른다. 아니면 송건오도 알고 있지만 모른 척하는 걸까? 오늘도 송건오는 짝사랑을 거절당하는구나. 조금 안타깝기는 하다만 수빈이에게 억지로 건오를 좋아하라고 할 순 없지.

 똑똑 개념어휘

대조는 둘 이상의 대상을 서로 맞대어 보며 검토하는 거예요. 국어에서 대조는 비슷한 두 대상의 차이점을 찾아 설명하는 것을 말하지요. 비슷한 말로 '비교'가 있어요. 비교가 두 대상의 차이점과 공통점을 함께 찾아 설명한다면 대조는 차이점을 찾아 설명하는 거예요.

99 허구(성)

#내_아이돌의_여자_친구 #가짜_뉴스는_그만!

♨ 영원한 삼총사 ♨ 👤 3

예린
어떡해! 한결 오빠한테 여자 친구가 생겼대!

유진
헉. 😨 그럴 리가 없어!

루아
그거 아니래!
아니라고 다시 기사 떴음.
다 허구래, 허구.

유진
진짜?
심장 떨어질 뻔했네.

루아
응. 누가 지어낸 이야기래.
나도 처음에 듣고 엄청 놀랐어.

예린
다행이다. 😌
다음 주가 한결 오빠 컴백인데 그럴 리가 없지.

루아

우리 오빠 새 앨범에만 집중하자.

예린

좋아! 좋아! 😍

쉿! 루아의 마음 일기

한결 오빠는 아이돌 굿보이즈의 리더였다. 지금은 굿보이즈가 해체되고 솔로 활동을 하는 중이다. 우리 삼총사는 모두 한결 오빠를 한결같이 좋아한다. 가끔 오빠에 관한 이상한 소문이 돌면 깜짝 놀란다. 평소 시큰둥하던 유진이도 깜짝 놀라서 톡을 마구 보냈다. (유진이와 대화를 많이 해서 그건 좋았다.) 사실 오빠한테 여자 친구가 생겨도 상관없다. 하지만 기사가 나서 모두가 알게 되는 건 싫다.

똑똑 개념어휘

<u>허구</u>는 사실이 아닌 것을 사실처럼 꾸며 만드는 것을 말해요. 소설이나 희곡에서는 실제로 없었던 사건을 작가의 <u>상상력</u>으로 만들어 내지요. 현실에 있음직하게 말이에요. 이러한 허구성 덕분에 재미있고 흥미진진한 이야기가 나올 수 있는 거예요.

※ 허구성 외에 소설의 다른 특성은 뭐가 있을까?
- **진실성**: 인생의 진실을 알려 주며 그 의미를 깨닫게 해 줌
- **서사성**: 사건이나 인물의 행동을 흐름에 따라 서술하는 방식
- **개연성**: 허구의 이야기를 있음직하게 만들어 주는 전개, 사건들 사이의 관계

100 기승전결

#요즘_어린이_완성 #우리_이야기는_지금부터_시작이야!

선생님 2

선생님
루아야, 문집이 거의 다 된 것 같지?

루아
네! 정말 힘들었어요. 😭

선생님
그래. 기, 승, 전까지 왔으니 이제 결만 맺으면 돼.
조금만 더 힘내 보자.

루아
기승전……결?
그게 뭔데요?

선생님
이야기에는 **기승전결**이 있어.
사건이 발생하고, 그 사건이 점점 커져서 터져 버리지.
그리고 사건을 해결하며 결말을 향해 가는
이 모든 과정을 '**기승전결**'이라고 해.

루아
하지만 이건 소설이나 시가 아니잖아요.

선생님
그래도 우리 이야기잖아.

유진이가 아이들 글을 탈락시켰을 때가 '기'이고,

루아가 건오에게 시를 몰래 준 일이 '승'이지.

루아
그럼 유진이가 편집장을 그만둔 게 '전'이겠네요. 🙂

선생님
맞아. 우리 내일 다 같이 '결'을 만들어 볼까?

루아의 마음 일기

『요즘 어린이』 문집이 완성되었다. 모두 유진이 덕분이다. 선생님도 많이 도와주셨다. 유진이에게 문집을 어떻게 전할까 고민이 되었다. 선생님이 좋은 아이디어를 주셨다. 내일 문집 회의에 건오와 민준이, 그리고 유진이를 다 부르기로 했다.

똑똑 개념어휘

기승전결은 원래 한시에서 시를 구성하는 방법을 이르는 말이에요. 시를 시작하는 부분을 '기', '기'를 이어받아 전개하는 '승', 시의 내용을 전환하는 '전', 시를 끝맺는 '결'로 구성되는 것이지요. 하지만 지금은 소설이나 희곡에서도 이야기를 짜임새 있게 짓는 방식으로 많이 쓰이고 있답니다. 기승전결을 활용하면 롤러코스터를 타듯 오르락내리락하는 이야기의 흐름을 만들 수 있지요.

진짜 요즘 어린이의 탄생!

개념어휘왕 Lv. 5

*만화 속 올바른 개념어휘를 찾아보아요.

찾아보기

☆ 문학과 관련된 어휘 ☆

갈등	136
갈래	142
감각	94
개연성	203
고전	36
구체적	45
기승전결	204
냉소적	96
대사	86
독백	132
동화	124
문체	26
반어법	28
방백	87
배경	156
복선	48
비극	162
상징	44
서사성	203
서정	152
설화	98
수필	110
시상	54
시적 허용	114
시점	24
암시	74
어조	140
에세이	111
여운	22
역설법	158
연	30
운율	82
은유법	72

의인법 ………………… 34	☆ 비문학과 관련된 어휘 ☆
인상 …………………… 60	개념 ………………… 160
제재 ………………… 198	객관적 ……………… 40
주제 …………………… 12	결과 ………………… 76
지문 ………………… 108	결론 ………………… 93
직유법 ………………… 68	관점 ………………… 78
진실성 ……………… 203	근거 ………………… 64
추상적 ………………… 45	기사문 ……………… 184
풍자 …………………… 58	기행문 ………………… 32
함축 ………………… 126	논설문 ………………… 92
행 ……………………… 30	대조 ………………… 200
허구(성) …………… 202	목차 ………………… 128
활유법 ……………… 118	묘사 ………………… 16
희곡 …………………… 70	반론 ………………… 192
희극 ………………… 162	본론 ………………… 93
	분류 ………………… 42
	분석 ………………… 100
	비교 ………………… 46

사건	134	토의	116
서론	93	편지	188
안내문	170		
열거	56	☆ 문법과 관련된 어휘 ☆	
예시	144	높임말	182
요약문	122	느낌표	103
외래어	38	다의어	195
원인	76	동음이의어	80
육하원칙	20	띄어쓰기	190
의견	14	마침표	103
자료	176	문장 부호	102
전기문	18	물음표	103
정의	174	반의어	194
주관적	66	방언(사투리)	154
주장	52	상위어	195
출처	120	순화	112
타당성	166	쉼표	103
토론	116	어원	196

외국어	39
외래어	38
유의어	194
유행어	146
은어	146
의성어	186
의태어	187
인터뷰	149
작은따옴표	103
조사	191
존댓말	183
취재	148
큰따옴표	103
표준어	138
하위어	195
호응	104

☆ 국어 활동과 관련된 어휘 ☆

감상	172
긍정	178
낭독	62
독자	88
모방	106
부정	178
비평	84
사고	150
사유	151
인용	164
저작권	180